Anselm Grün
Hsin-Ju Wu

Wer bin ich?

ANSELM GRÜN HSIN-JU WU

Wer bin ich?

SELBSTWERDUNG STATT SELBSTOPTIMIERUNG

VIER TÜRME

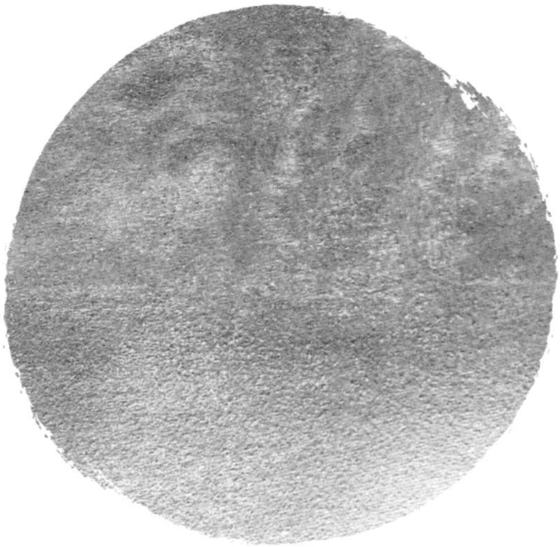

Inhalt

Erkenne dich selbst und werde, wer du bist . . . 9

Die Tendenz zur Selbstoptimierung . . . 15

Was heißt wahres Selbst? . . . 19

Die Antwort von C. G. Jung . . . 19
Die Heldenreise . . . 28
Das wahre und falsche Selbst . . . 33
Das leere Selbst . . . 34
Selbstsein in der Mönchstradition . . . 36

Selbstbild und Gottesbild . . . 43

Gestörte Selbstbilder . . . 44
- Selbstüberschätzung . . . 44
- Selbstunterschätzung . . . 45

Selbstbild und Gottesbild . . . 47
Negative Selbst- und Gottesbilder heilen . . . 49

Der Weg zum Selbst in der Bibel 55

Selbstsein – in die Mitte kommen 55

Wer mein Jünger sein will, verleugne sich selbst 57

Sich selbst zum Opfer bringen 58

Das Weizenkorn stirbt und bringt reiche Frucht 61

Der verlorene Sohn findet sich selbst 63

Das Selbst und die Freude 64

Kraftvolle Worte aus dem Sein 65

Leben aus dem Selbst statt Gesetzestreue 67

Licht ins Unbewusste bringen 69

Der Weg zum Selbst im Lauf des Lebens . . . 71

Kindheit, Jugend und Adoleszenz:
Das eigene Ich entdecken und entfalten 71

In der Lebensmitte:
Den Weg nach innen finden 73

Im Alter:
Rollen loslassen, das Selbst entfalten 75

Das Selbst als inneres Heiligtum 77

Das Selbst und die Liebe 79

Selbstliebe und Selbstfürsorge 80

Selbstliebe und Nächstenliebe 83

Gottesliebe als Grundlage aller Liebe 87

Bilder der Selbstwerdung 93

Das Lebenshaus 94
Das Haus auf dem Felsen 94
Das Bild vom Turmbau 96
Der Eckstein, der alles zusammenhält 98
Das Gleichnis von der verlorenen Drachme 101

Die Lebensspur 103
Die eigene Lebensspur finden 103
Früchte der Lebensspur 109
Die Spur eingraben, ohne auf Beifall zu warten –
Kein Blick zurück 110
Gottes einmaliges Wort in mir 112

Selbstwerdung im Alltag 115

Selbstwerdung auf der persönlichen und
mystischen Ebene 116
Selbstwerdung in Beziehung und Gemeinschaft . . . 122
Selbstwerdung in der Welt 127

Ein heilsamer und befreiender Weg 133

Literatur 139

Erkenne dich selbst und werde, wer du bist

Die Frage nach der eigenen Identität bewegt heute viele Menschen in verschiedenen Lebensphasen. »Werde du selbst und liebe dich selbst« – dieser Appell entspricht dem heutigen Mainstream. Doch es gibt auch kritische Fragen zu dieser Tendenz: Wie kann ich selbst werden, ohne meine Beziehungsfähigkeit einzubüßen? Oder wie kann ich selbst werden und gleichzeitig beliebt sein? Wie kann ich authentisch bleiben und zugleich psychische und soziale Resilienz entwickeln? Besonders in kollektiv orientierten Gesellschaften wie in Asien geraten Menschen in den Zwiespalt zwischen selbst werden und in Beziehung bleiben. Gerade in Asien gilt der Wunsch, ich selbst zu bleiben, oft als Egoismus.

Eine andere Tendenz ist zu beobachten: Junge Menschen benutzen heutzutage den Begriff Selbstfindung oft als Vorwand für ihre Weigerung, Verantwortung zu übernehmen für sich selbst und für die Gemeinschaft. Gerade im Alter zwischen 18 und 24 Jahren kreisen sie um die Frage: Wer bin ich? In der Familie und während der Schulzeit war die Rolle, die sie spielten, einigermaßen klar. Doch wenn sie ein Studium beginnen oder eine Arbeitsstelle finden, müssen sie sich neu definieren. Wer ist die Person, die sie nun darstellen?

Selbstoptimierung ist ein großes Thema, nicht nur bei Jugendlichen. In den sozialen Medien geht es ständig darum, alles immer noch besser zu machen, immer höher hinauszukommen. Der Politiker Wolfgang Thierse sagt, Selbstwerdung und Authentizität seien heute zum Zauberwort geworden: »Man sollte mit sich selbst identisch sein! Das ist der Anspruch. Und die Aufforderung heißt: Sei besonders, unterscheide dich, finde dich selbst, lebe deine Individualität, sei dein eigenes Projekt!« (Thierse, 12). Doch diese Tendenz kann auch zum Selbstoptimierungswahn werden, der die Menschen überfordert. Sie möchten alles kontrollieren, auch sich selbst. Jeder möchte etwas Besonderes sein. Die Verantwortung für andere tritt hinter diesem Anspruch zurück.

In der Lebensmitte taucht die Frage erneut auf: Wer bin ich? Bin ich der, der in seinem Beruf erfolgreich ist, der eine Familie gegründet hat und den Lebensunterhalt verdient? Bin ich nur die Aufgabe, die ich erfülle, oder die Rolle, die ich einnehme? Wer bin ich eigentlich? Und im Alter verwandelt sich die Frage aufs Neue: Wer bin ich, wenn ich mich nicht mehr über meinen Beruf definieren kann? Wenn ich einfach nur ich bin? Habe ich wirklich alles richtig gemacht oder an mir selbst vorbeigelebt? Was ist das Wesentliche meiner Person? Was ist mein wahres Selbst?

»Erkenne dich selbst – *gnothi seauton*«, so lautet die Inschrift am Tempel des Apoll in Delphi, und sie meint etwas anderes als Selbstoptimierung. Der erste Schritt besteht darin, mich kennenzulernen mit allen Höhen und Tiefen, mit allen Stärken und Schwächen, mich in meinem Wesen zu erkennen. Zum Erkennen gehört dann auch das Werden. So ergänzt der griechische Dichter Pindar diese Forderung mit seinem Rat: »Werde, der du bist.«

Gnothi seauton – man kann diese beiden Wörter unterschiedlich auslegen. Zum einen beinhalten sie, dass wir alles erkennen sollen, was an Gedanken und Gefühlen in uns ist. Wir sollen auch unseren Leib und seine Reaktionen auf unsere Erfahrungen mit uns selbst und mit anderen Menschen kennenlernen. Die frühen Mönche verstanden unter Selbsterkenntnis, dass man sich mit all den Leidenschaften vertraut macht, mit den »Dämonen«, die einen davon abhalten wollen, zum innersten Kern vorzustoßen.

Diese Selbsterkenntnis, so sagt der Mönch Evagrius Ponticus, ist die Voraussetzung, dass wir Gott kennenlernen: »Willst du Gott erkennen, lerne vorher dich selbst kennen« (Evagrius, PG 40, 1268C). Ohne Selbsterkenntnis würden wir nur all das Unbekannte und Unbewusste in uns auf Gott projizieren. Daher ist die Frage nach dem wahren Selbst auch von entscheidender Bedeutung für unsere Beziehung zu Gott, für unsere Gottesliebe.

Selbsterkenntnis bedeutet aber auch, meine eigene Identität zu erkennen: Wer bin ich wirklich? Was macht mich aus? Was ist das Geheimnis meiner Person? Was ist mein wahres Selbst? Für die stoische Philosophie ist *autos* das innere Heiligtum des Menschen, sein wahres Selbst, frei von äußeren Einflüssen. Das griechische Wort *gignoskein* meint nicht nur Erkennen, sondern vor allem auch Verstehen, und es steht auch für Vertrautsein mit etwas. Selbsterkenntnis ist also nicht rein intellektuell, sondern bedeutet auch die innige und liebevolle Beziehung des Menschen zu seinem Selbst, zu seinem innersten Personkern.

Wenn ich diesen Personkern, das wahre Selbst, erkannt habe, dann gilt der Rat Pindars: »Werde, der du bist!« (Pindar, Oden, aus der 2. Pythische Ode). Es genügt nicht, mich zu erkennen.

Ich soll auch den Mut aufbringen, der zu werden, der ich von meinem Wesen her bin. Ich soll mich nicht nach den Erwartungen der anderen richten, sondern nach dem ursprünglichen und unverfälschten Bild, das Gott in mich hineingelegt hat. Pindars Spruch hat viele Philosophen und Dichter inspiriert. Friedrich Nietzsche verwendete ihn mehrmals und übersetzte ihn unter anderem so: »Du sollst der werden, der du bist« (Nietzsche, III, 270). Wir würden diese Forderung lieber mit dem Bild der Lebensspur ausdrücken: Grabe deine persönliche Lebensspur in diese Welt ein! Lebe so, dass die Menschen deine ganz persönliche Lebensspur erkennen.

Hier taucht vielleicht die Frage auf: Wie kann ich unterscheiden zwischen dem Kreisen um mich selbst und einer echten Selbstwerdung? Führt Selbstwerdung zu Egoismus? Die Psychologie unterscheidet zwischen Ich, Ego und Selbst. Das Ich ist nach C. G. Jung der bewusste Personkern, meine Identität. Das Ego bezeichnet dagegen das egoistische Kreisen um mein Ich. Jung spricht von Egoismus und Egozentrismus als Merkmale einer negativen Einstellung. Man könnte auch sagen, das Ich als bewusster Personkern ist in sich gut, während das Ego den negativen Aspekt des Ich beschreibt, das bewusste Festhalten am eigenen Ich.

Wenn in diesem Buch von Ego die Rede ist, meint es immer den negativen Aspekt des Ich. Das Ego besteht aus Bildern, die ich von mir habe. Es ist auch von außen beeinflusst. Das Selbst ist dagegen das innere Spüren, wer ich in Wirklichkeit bin. Das Ego muss sich aufblähen. Es ist oft mit Minderwertigkeitsgefühlen verbunden. Das Selbst ist die innerste Mitte. Allerdings gibt es in der Psychologie verschiedene Vorstellungen von Ich, Ego und Selbst. Wir halten uns hier an das Verständnis von C. G. Jung.

Theologisch könnte man sagen: Gott hat den Menschen nach seinem Bild und Gleichnis geschaffen. Dieses ursprüngliche Bild, das Gott sich von jedem Menschen macht, ist das wahre Selbst. Das Ich braucht der Mensch, weil er begrenzt ist. Das Baby muss seine Ansprüche stellen, sonst würde es nicht überleben. So ist das Ich – nach C. G. Jung – in der ersten Lebenshälfte wichtig, damit ein Mensch seinen Stand im Leben findet. Doch in der zweiten Lebenshälfte geht es darum, das Ich und vor allem das Ego mit seinen egoistischen Ansprüchen loszulassen und mehr und mehr mit dem Selbst in Berührung zu kommen. Wenn das Ego alles kontrollieren und auch die Menschen um sich herum beherrschen will, wird es problematisch. Im biblischen Zusammenhang verwendet man dafür das Wort Sünde. Die Bibel nennt die Ursünde: sein wollen wie Gott. Das Ego möchte wie Gott alles beherrschen. An sich ist das Ich nicht schlecht, aber wenn es zum Ego wird, kann es zu Narzissmus führen. Dann wird es zur Gefahr für mich selbst und für andere Menschen.

Unser wahres Selbst wird oft verdunkelt durch negative Selbstbilder, entweder durch Bilder, die uns klein machen, oder aber durch Bilder, die uns übermäßig erhöhen. In der geistlichen Begleitung erleben wir, dass das Selbstbild eines Menschen immer auch mit seinem Gottesbild korrespondiert. Beide beeinflussen sich gegenseitig: Ein negatives Gottesbild führt zu einem negativen Selbstbild und umgekehrt. Der erste Schritt zur Verwandlung besteht darin, krankmachende Selbst- und Gottesbilder durch gesündere zu ersetzen. Im zweiten Schritt geht es darum, alle Bilder loszulassen. Denn sowohl Gott als auch das Selbst sind jenseits aller Bilder.

Jesus spricht nicht nur von Selbsterkenntnis, sondern darüber hinaus von Selbstliebe. Es genügt nicht, sich selbst zu erkennen, wir sollen auch liebevoll mit uns umgehen. Sich selbst zu lieben bedeutet, sich anzunehmen, die eigenen menschlichen Mängel zu akzeptieren und wohlwollend auf sich zu schauen. Diese Selbstliebe ist kein narzisstisches Kreisen um sich selbst, sondern sie ist echt, wenn sie verbunden ist mit der Liebe zum Nächsten und mit der Liebe zu Gott. Das wird deutlich in der Antwort, die Jesus auf die Frage eines Schriftgelehrten nach dem wichtigsten Gebot gibt: »Das erste ist: Höre, Israel, der Herr, unser Gott, ist der einzige Herr. Darum sollst du den Herrn, deinen Gott, lieben mit ganzem Herzen und ganzer Seele, mit deinem ganzen Denken und mit deiner ganzen Kraft. Als zweites kommt hinzu: Du sollst deinen Nächsten lieben wie dich selbst. Kein anderes Gebot ist größer als diese beiden« (Markus 12,29–31).

Über diese Beziehungen zwischen dem wahren Selbst, dem Ich und dem Ego, zwischen Selbstbildern und Gottesbildern, zwischen Selbsterkenntnis und Selbstliebe, zwischen Selbstliebe und Nächstenliebe und über die Gottesliebe als Grundlage aller Liebe wollen wir in diesem Buch miteinander nachdenken. Wir beziehen uns dabei immer wieder auf Fragen von Kursteilnehmenden und von engagierten Christinnen und Christen. Viele von ihnen äußern Bedenken, ob Selbsterkenntnis und Selbstliebe nicht egoistisch seien und dem Gebot Jesu widersprechen, dass wir uns selbst verleugnen sollen. Und wir wollen vor allem auch auf die Fragen junger Menschen antworten, die auf der Suche sind nach ihrem wahren Selbst. Dieses Anliegen ist vor allem Hsin-Ju wichtig, die nicht nur als Mutter mit ihren eigenen Kindern, sondern auch mit den Fragen vieler junger Menschen in ihrem Umfeld konfrontiert ist.

Die Tendenz zur Selbstoptimierung

Heute ist es schon fast eine Selbstverständlichkeit, sich selbst zu optimieren. Selbstoptimierung bedeutet, dass ich immer besser werden und das Beste aus meinen Fähigkeiten herausholen muss. Selbstoptimierung kann zum Optimierungswahn werden. Alle Schwachstellen am eigenen Ich sollen wegtrainiert werden. Bei der Arbeit, in der Liebe, bei Sport und Gesundheit, beim Essen, im Alltag – überall möchte man das Optimum erreichen, eine möglichst perfekte Figur abgeben, wegen seiner Leistungen bewundert werden. Bei jungen Menschen gehört die Selbstoptimierung vor allem im Studium und Berufsleben zum ständigen Programm, das viele allerdings überfordert und ermüdet. Wer ständig versucht, seine Gesundheit und sein Wohlbefinden zu optimieren, ist oft häufiger krank als andere, die ganz normal damit umgehen. Andere verlagern ihre Selbstoptimierung auf Sport und Fitness. Sie sind nie zufrieden mit dem, was sie erreichen, denn es gibt immer Menschen, die es noch besser können. Wer sich ständig so unter Druck setzt, erreicht nie einen Zustand von innerem Frieden und Dankbarkeit.

Eng verwandt mit der Selbstoptimierung ist das sogenannte »Enhancement« als Weg der Selbstverbesserung. Das englische Wort *enhance* bedeutet steigern, erhöhen. Beim Enhancement als einer Sonderform von Selbstoptimierung geht es vor allem um neurowissenschaftliche Methoden, um pharmakologische Mittel, die meine Leistung sowohl im Studium als auch im Sport steigern sollen. Hier ist die Rede nicht nur von Optimierung, sondern von Selbstperfektionierung, vom Überschreiten der Grenzen des eigenen Menschseins. Man will nicht nur sein Gedächtnis verbessern, sondern sich selbst als ganze Person.

Man möchte gleichsam einen neuen Menschen schaffen, überschreitet damit aber die eigenen Grenzen und schadet letztlich sich selbst. Der Ethiker Roland Kipke meint, das exzessive Selbstverbesserungsstreben sei eine »gefährliche Ignorierung« der *Conditio humana*, unserer menschlichen Bedingungen. Es führe nicht zu einem guten Leben, was eigentlich das Ziel unseres Strebens sein sollte, sondern zu »einer Untergrabung der gesellschaftlichen Solidarität« und zur »Oberflächlichkeit eines derart optimierten menschlichen Lebens« (Kipke, 66).

Ein probates Mittel zur Selbstoptimierung ist das Smartphone. Für jeden Bedarf gibt es eigene Apps. Sie registrieren, wie viele Kalorien wir essen und verbrauchen, wie viele Schritte wir machen, wie schnell der Puls schlägt. Sie vermessen und überwachen uns und zeigen, wie wir erfolgreicher und produktiver sein können. Viele Menschen teilen ihre Daten mit anderen, vergleichen sich und setzen sich dann erst recht unter Druck.

Psychologen erkennen bei vielen jungen Menschen, dass sie sich mit den eigenen Erwartungen an sich selbst, an ihre Schönheit, an ihre Ausstrahlung und Fähigkeiten überfordern. Die Folge ist dann oft eine innere Leere, die man durch viele äußere Aktivitäten zu überdecken versucht. Selbstoptimierung erzeugt das Bedürfnis, sich ständig zu kontrollieren. Doch wir können weder das Leben noch uns selbst völlig kontrollieren. Der Volksmund sagt: Wer alles kontrollieren will, dem gerät alles außer Kontrolle.

Der Zwang zur Selbstoptimierung erzeugt in vielen Menschen Überforderung und Burn-out. Viele nehmen sich zu viel vor – im Sport, in Studium und Beruf als auch in ihrem Streben, absolut gesund zu leben. Letztlich drehen sie sich immer um sich selbst und finden nie einen Punkt, an dem sie genügen oder wirklich zufrieden sind. Andere sind immer weiter auf ihrem Weg. So fällt es ihnen schwer, sich selbst anzunehmen. Sie setzen sich ständig unter Druck, noch mehr zu erreichen, sich noch besser darzustellen, andere zu übertreffen. Die sozialen Medien befeuern all das mit perfekten Bildern und sogenannten »Challenges«, bei denen schon Kinder miteinander in Wettbewerb treten und Vorbildern nacheifern. Bei den Erfolgreichen führt die Selbstoptimierung oft zu Arroganz. Sie stellen sich über die »Durchschnittsmenschen«, schauen auf sie herab und verachten alle, die sich nicht auf den Weg der Selbstoptimierung machen.

Die Selbstwerdung, die C. G. Jung als Ziel des menschlichen Lebens bezeichnet, befreit uns von dem Druck, uns in eine vorgegebene Form hineinzupressen und bestimmte äußere Dinge zu erreichen wie Erfolg, Anerkennung, Gesundheit, Fitness, Perfektion. Es geht nicht mehr darum, etwas zu erreichen, sondern immer mehr ich selbst zu werden. Das wirkt gegen Druck und Überforderung, denn je mehr ich mir selbst entspreche, desto ruhiger und gelassener, desto freier und liebevoller werde ich. Selbstwerdung meint, dem nahezukommen, wie Gott mich gemeint hat, das Bild zu verwirklichen, das Gott sich von mir gemacht hat. Der Weg dahin überfordert nicht, sondern hält uns lebendig und gibt uns den Mut, wirklich authentisch zu sein.

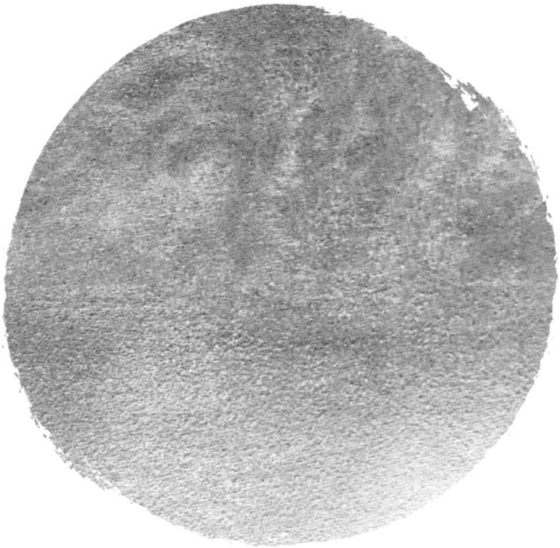

Was heißt wahres Selbst?

Bevor wir über Selbsterkenntnis und Selbstliebe sprechen, gilt es zu klären, was wir mit »Selbst« meinen. Was ist das wahre Selbst? In Philosophie und Psychologie werden die Begriffe »Ich« und »Selbst« auf sehr verschiedene Weise gebraucht. Wir möchten uns auf das Verständnis des Selbst bei C. G. Jung beschränken.

Die Antwort von C. G. Jung

Carl Gustav Jung, der Begründer der analytischen Psychologie, unterscheidet zwischen Ich und Selbst – zwischen dem Ich als dem bewussten Personkern und dem innersten Personkern des Menschen, den er Selbst nennt. Das Selbst verbindet in sich das Bewusste und Unbewusste. Um diese Unterscheidung zu verstehen, ist es hilfreich, sein psychologisches System zu betrachten. Jung sieht im Menschen verschiedene Schichten. Die äußere Schicht ist die »Persona«. Dieser Begriff hat nichts mit unserem gewöhnlichen Wort »Person« zu tun. Persona meint vielmehr die Maske, die wir aufhaben, oder auch die Schutzhaut, die unsere innere Wahrheit vor anderen verbirgt. Die Persona hilft uns, dass wir unsere Rolle in der Gesellschaft und bei der Arbeit gut spielen können, ohne ständig Angst haben zu müssen, dass die anderen in unser tiefstes Inneres hineinschauen. Aber wenn diese Persona zu stark ausgebildet ist, lebt ein Mensch nur noch seine Rolle, zum Beispiel als Polizist, als Unternehmerin, als Professor. Aber sein Wesenskern bleibt unsichtbar. Und je fester die Persona ist, desto stärker ist auch der Schatten, in den dieser Mensch alles Verdrängte hinabschiebt.

Da ist zum Beispiel ein Mann, der sich nach außen sehr sozial engagiert, sich innerhalb seiner Familie jedoch wenig am Wohlergehen der anderen orientiert. In seinem Beruf zeigt er Verständnis für die Menschen, zu Hause aber ist er gefühlskalt und versteht weder seine Frau noch seine Kinder. Was er in seinem Beruf verdrängt, lebt er daheim aus. Oder wenn jemand seine Aggression unterdrückt, um liebevoll zu erscheinen, dann gerät die Aggression in den Schatten und wirkt von dort destruktiv, entweder als Härte in der Haltung anderen gegenüber oder aber als passive Aggression in Form von unangemessener Kritik, Ignoranz, Verachtung, Häme oder auch der Klage, von anderen missverstanden und missachtet zu sein.

Die erste Aufgabe zur Selbstwerdung des Menschen – Jung nennt sie »Individuation« – ist es, von der Persona zum Ich zu finden. C. G. Jung spricht sowohl vom Ich als auch vom Ego. Das Ich ist der Teil unseres Selbst, der uns bewusst ist und uns hilft, unsere Rolle in der Welt zu finden und unser Leben zu organisieren. Ohne Ich gibt es kein Bewusstsein. Wir brauchen den Ehrgeiz, der mit dem Ich verbunden ist, um unsere Aufgaben anzugehen und sie gut zu erfüllen. Aber wenn wir das Ich zu sehr betonen, bleiben wir in ihm gefangen. Wenn es uns nur noch um das eigene Bedürfnis nach Anerkennung und Erfolg geht, übernimmt das Ego bei unserem Ich die Führung.

Das Ego dreht sich immer um sich selbst, es interessiert sich nur für die Bestätigung, die es bei anderen Menschen findet. Manchmal zeigt es sich selbst auf körperlicher Ebene, wenn eine Person vom Ego bestimmt ist: Sie wirft sich in die Brust, nimmt sehr viel Raum ein und stellt sich groß und mächtig dar. Das Selbst hingegen, unser wahrer Wesenskern, wird im Leib erfahrbar, wenn wir in unserer Mitte ruhen, wenn wir einfach da sind, unser Zentrum nicht in der Brust, sondern im Beckenraum haben.

Jung meint nun, spätestens in der Lebensmitte müssten wir immer weiter vom Ich zum Selbst vordringen. Das Selbst sei nicht im persönlichen Unbewussten zu finden, das er auch persönlichen Schatten nennt. Schatten ist für Jung all das, was wir verdrängt haben. Doch neben dem persönlichen Unbewussten spricht Jung auch vom kollektiven Unbewussten. Das ist der Bereich, in dem die Erfahrungen der ganzen Menschheit versammelt sind und der auch archetypische Bilder und religiöse Symbole umfasst. Im Selbst sind beide Bereiche miteinander verbunden: das persönliche und das kollektive Unbewusste.

Das Selbst kann man letztlich nicht beschreiben. Jung versucht es so: »Psychologisch ist das Selbst definiert als die psychische Ganzheit des Menschen« (Jung, GW 11, 170). Zu dieser Ganzheit gehört für Jung auch das kollektive Unbewusste, an dem das Selbst Anteil hat. Das kollektive Unbewusste ist eine Quelle von Weisheit und religiöser Erfahrungen. Dort finden wir religiöse Symbole wie das Kreuz, das in allen Religionen ein Einheitssymbol darstellt. Für Jung ist Christus das archetypische Bild für das Selbst. Und es ist ein Symbol für die Einheit aller Gegensätze, auch der Gegensätze zwischen bewusst und unbewusst. Zur Ganzheit des Selbst gehört auch das Gottesbild.

»Das Ziel der psychologischen Entwicklung ist, wie das der biologischen, die Selbstverwirklichung, resp. die Individuation. Da der Mensch sich nur als ein Ich kennt, und das Selbst als Totalität unbeschreibbar und ununterscheidbar von einem Gottesbild ist, so bedeutet die Selbstverwirklichung in religiös-metaphysischer Sprache die Inkarnation Gottes. Das ist in der Sohnschaft Christi ausgedrückt« (Jung, GW 11, 171).

Doch das Gottesbild ist nicht Gott. Es ist nur das Bild, das die Seele von Gott in sich trägt. Wir können auch sagen: Das Selbst ist das ursprüngliche Bild, das Gott von uns geschaffen hat, wir sind als Ebenbilder Gottes gemeint. Zum Selbst gelangt der Mensch nach Jung nur, wenn er das Göttliche in sich selbst entdeckt und sich als Ebenbild Gottes versteht.

Für Jung ist Christus nicht nur der historische Jesus, sondern zugleich auch ein Archetyp des Selbst. Der Weg der Selbstwerdung verläuft daher für uns Menschen ähnlich wie der Weg Jesu. Die Selbstwerdung des Menschen können wir auch als eine Inkarnation Gottes im Menschen verstehen. Sie führt auch für uns über das Kreuz zur Auferstehung. Das Kreuz ist für Jung ein Symbol für die Einheit aller Gegensätze. Daher gehört es zur Ganzheit des Menschen, dass er die Gegensätze in seiner Seele annimmt und sie wie Christus am Kreuz umarmt: Liebe und Aggression, Verstand und Gefühl, Vertrauen und Angst, das Starke und das Schwache, das Gesunde und das Kranke, Freude und Trauer, Glaube und Zweifel. Der Kreuzungspunkt zwischen den Balken symbolisiert die Einheit des Menschen, der seine Gegensätze in sich integriert hat. Dieser Punkt ist ein Ort des Friedens und der Ruhe. Aber das Kreuz ist auch ein Symbol für das Sterben. Unsere alte Identität, in der wir uns mit äußeren Dingen wie Reichtum, Erfolg und Anerkennung identifizieren, muss sterben, damit wir in unserem wahren Wesen auferstehen können, damit wir zu unserem wahren Selbst finden.

Um die Beziehung von Ich und Selbst im psychologischen System von C. G. Jung zu verstehen, seien hier die verschiedenen Aspekte erläutert, die dieses System umfasst:

» Außen ist die Persona, darunter liegt das Ich, also der bewusste Teil unseres Selbst. Der erste Weg führt also von der äußeren Persona zum Ich.
» Darunter ist eine Schicht, die C. G. Jung das persönliche Unbewusste oder auch den Schatten nennt. Dort ist alles zu finden, was wir verdrängt haben, zum Beispiel Aggression, Sexualität, Angst oder Zweifel, denen wir im Leben keinen Raum geben. Daher ist es die Aufgabe des Menschen auf seinem Weg zur Selbstwerdung, sich mit seinen Schattenseiten auszusöhnen.
» Unter dem persönlichen Unbewussten ist dann die Schicht von Anima und Animus zu sehen. Das sind die weiblichen und männlichen Seelenanteile, die in jedem Mann und jeder Frau zu finden sind und die es anzunehmen gilt.
» Darunter liegt das kollektive Unbewusste. Hier sind alle Erfahrungen der Menschheit gesammelt, darunter viele archetypische Bilder und Symbole, sowohl für Gott als auch für das Dämonische und Dunkle.
» In der Mitte liegt das Selbst. Es hat Anteil am persönlichen und kollektiven Unbewussten. Alles zentriert sich auf das Selbst hin. Und das Selbst wird für Jung nur ganz, wenn auch das Gottesbild integriert ist. Die archetypischen Bilder von Gott gehören zur Ganzwerdung des Menschen. Jung spricht nicht von Gott, sondern nur vom Gottesbild, das sich in der menschlichen Seele spiegelt.

Jung hält es schon für eine grundlegende Erkenntnis, zu sich selbst zu sagen: »Das bin ich.« Doch für ihn führt der Weg vom Ich zum Selbst. Das Selbst, so meint er, »ist keine Auswahl passender Fiktionen mehr, sondern eine Reihe harter Tatsachen, die zusammen jenes Kreuz bilden, das schließlich jeder zu tragen hat« (Jung, GW 16, 212).

Das Ich besteht also aus lauter Vorstellungen, die ich von mir habe: Ich stelle mir vor, dass ich perfekt bin, dass ich anerkannt bin, dass ich erfolgreich bin, dass alle mich mögen. Natürlich kennt das Ich auch die umgekehrte Vorstellung, dass keiner mich mag, dass ich allein bin und keiner mich versteht. Das Ich als Ansammlung von Vorstellungen fällt auseinander. Das Selbst hingegen verbindet alle Gegensätze. Dadurch wird es dem Kreuz ähnlich, das Jung als Symbol für die Einheit aller Gegensätze betrachtet und zugleich als Symbol für die gelingende Selbstwerdung. Der Mensch gelangt nur zu seinem Selbst, wenn er bereit ist, alle Gegensätze in sich zu integrieren.

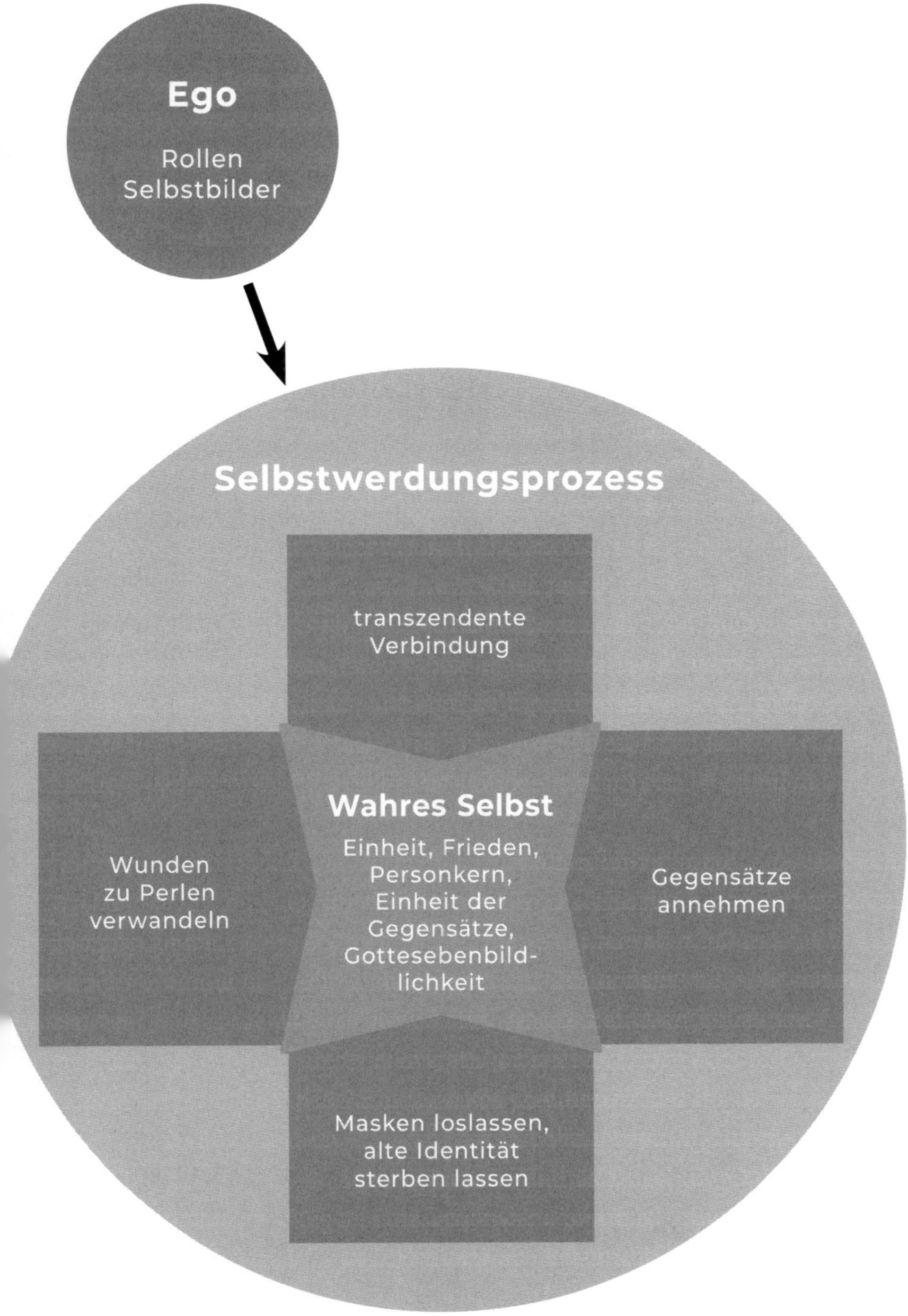
Ego
Rollen
Selbstbilder
Selbstwerdungsprozess
transzendente Verbindung
Wunden zu Perlen verwandeln
Wahres Selbst
Einheit, Frieden, Personkern, Einheit der Gegensätze, Gottesebenbildlichkeit
Gegensätze annehmen
Masken loslassen, alte Identität sterben lassen

Jung formuliert das Ziel der Selbstwerdung auch mit den Worten des heiligen Paulus: »Nicht mehr ich lebe, sondern Christus lebt in mir« (Galather 2,20). Ein anderes Bild ist für ihn das Reich Gottes, von dem Jesus sagt: »Denn siehe, das Reich Gottes ist mitten unter euch« (Lukas 17,21). Und das Ziel der Individuation ist »das Reich Gottes ... Dieser Persönlichkeitsmittelpunkt ist der ›Gott in uns‹« (Goldbrunner, 153).

Selbstwerdung formuliert Jung daher im Blick auf die religiöse Sprache auch so: »Sie [die spirituellen Menschen] kamen zu sich selber, sie konnten sich selbst annehmen, sie waren imstande, sich mit sich selbst zu versöhnen, und dadurch wurden sie auch mit widrigen Umständen und Ereignissen ausgesöhnt. Das ist das gleiche, was man früher mit den Worten ausdrückte: Er hat seinen Frieden mit Gott gemacht, er hat seinen eigenen Willen zum Opfer gebracht, indem er sich dem Willen Gottes unterwarf« (Jung, Psychologie und Religion, 147).

Jung sieht also keinen Gegensatz zwischen der Selbstwerdung und der biblischen Aussage, dass nicht mehr ich lebe, sondern Christus in mir. Ich steht hier für das Ego, das zurückweichen muss, damit Christus in mir lebt. Christus ist für Jung ein Bild für das wahre Selbst. Wenn Christus in mir lebt, dann bin ich nicht im Ego, sondern im Selbst. Das führt nach Jung zum »Gefühl der Versöhnung mit dem Geschehenden überhaupt« (zitiert bei Goldbrunner, 153). Wenn der Mensch sein wahres Selbst gefunden hat, ist er im Frieden mit sich selbst und mit der Welt insgesamt.

Für Jung ist das wahre Selbst eine seelische Wirklichkeit, »die nur zu einem Teil bewusst ist, im übrigen aber auch das Leben des Unbewussten umgreift und daher unanschaulich und nur durch Symbole ausdrückbar ist« (Jung, GW 11, 171). Das Leben Jesu beschreibt für Jung den Weg der Selbstwerdung und der Verwandlung des Menschen. Wir können diese Verwandlung in uns erfahren, wenn wir über das Leben Jesu meditieren. Für Jung ist es aber vor allem auch der Wandlungsritus der Eucharistie, der eine innere Verwandlung in uns bewirkt, sodass wir immer mehr vom Ego in unser Selbst, in unseren inneren Wesenskern verwandelt werden. Die Anwesenheit bei einem Wandlungsritus bewirkt in uns Verwandlung: »Das kann eine Zeremonie sein, wie zum Beispiel die Messe, wo es sich um die Wandlung der Substanzen handelt« (Jung, GW 9/1, 129). In der heiligen Messe haben wir Anteil an der Wandlung, die in Tod und Auferstehung Jesu ihr stärkstes Symbol gefunden hat: »Das Erlebnis der Messe ist daher eine Anteilnahme an einer alle Schranken von Raum und Zeit überwindenden Transzendenz des Lebens. Es ist ein Ewigkeitsmoment in der Zeit« (Jung, GW 9/1, 132). Die Verwandlung unseres Ich hin zum Selbst geschieht daher wie bei Jesus über Tod und Auferstehung. Das Ich – und vor allem das Ego – müssen sterben, damit das Selbst geboren wird. Allerdings bedeutet Sterben nicht die Vernichtung des Ego, sondern nur die Befreiung aus seiner Macht.

Die Suche nach dem Selbst hat nichts mit Egoismus zu tun, sondern befähigt uns zu wirklich guten Beziehungen. Der Mensch findet nur zu seiner Ganzheit, wenn er das Du berücksichtigt. Ohne die Beziehung zum Du wird die Selbstverwirklichung leicht zu einem narzisstischen Kreisen um sich selbst. Der Weg zum eigenen Selbst soll uns befreien vom Mechanismus der Projektion, wie wir in unserem Buch »Warum immer ich?« beschrieben haben. Im Selbst sind wir uns unserer Schattenseiten bewusst. Daher brauchen wir sie nicht mehr auf Mitmenschen zu projizieren. Wir begegnen dann nicht mehr dem Bild, das wir uns von einem Gegenüber gemacht haben, sondern seinem Personkern. Weil wir aufhören, unsere verdrängten Schattenseiten auf die anderen zu projizieren, werden die Beziehungen echter, wesentlicher und barmherziger.

Die Heldenreise

C. G. Jung hat in vielen seiner Schriften auf den Weg der Heldin oder des Helden hingewiesen, wie er in vielen Mythen und Märchen beschrieben wird. Der typische Held ist in eine besondere Situation hineingeboren. Er wird schon als Kind verfolgt, muss viele Abenteuer und Gefahren bestehen, ja er muss oft in das Reich des Todes eintauchen, um neu wiedergeboren zu werden.

Jung sieht in der Heldenreise auch unseren konkreten Weg der Selbstwerdung. Goldbrunner beschreibt diesen Weg so: »Der Held muss eine Gefahr bestehen, um zum Glück zu kommen. Er muss eindringen in einen Gefahrenbezirk (Wassertiefe, Höhle, Wald, Insel, Burg usw.), um dort die schwer erreichbare Kostbarkeit als Pfand des Glücks zu suchen (Schatz, Jungfrau, Lebenstrank, Zauberring)« (Goldbrunner, 84). Was die Mythen beschreiben, gilt auch für uns. Wir müssen hinabtauchen in die Tiefe unseres Unbewussten, in den Bereich »voll dunkler Ahnungen und Gefühle« (Goldbrunner, 84), um unser wahres Selbst zu finden. Bei der Heldenreise geht es darum, wie wir zu unserem Selbstsein reifen können. Der Weg führt immer über Gefahr, Wandlung und Tod zur Auferstehung.

C. G. Jung sieht im Leben Jesu viele Motive dieser Heldenreise verwirklicht. Daher ist Christus für Jung zu einem Archetyp des Selbst geworden: »Christus lebte ein konkretes, persönliches und einmaliges Leben, das aber zugleich in allen wesentlichen Zügen archetypischen Charakter hat. Dieser Charakter wird erkannt an den vielfachen Beziehungen biographischer Einzelheiten zu weit verbreiteten mythischen Motiven« (Jung, Psychologie und Religion, 161). Diese Motive zeigen sich bei Jesu Geburt im Stall von Bethlehem in äußerster Armut, in der Verfolgung durch Herodes, in seiner Fähigkeit, Kranke zu heilen und Dämonen auszutreiben, und schließlich in seinem Tod am Kreuz. Aber auch in seinen Gleichnissen benutzt Jesus Motive, die ebenso in der Heldenreise vorkommen. Beispielsweise spricht er vom Schatz im Acker und von der kostbaren Perle. Wir finden unser wahres Selbst nur, wenn wir bereit sind, uns die Hände schmutzig zu machen und in der Erde zu graben, bis wir in der Tiefe unserer Seele diesen Schatz entdecken. Und wir sollen all unser Hab und Gut verkaufen, um die kostbare Perle in unseren eigenen Wunden zu suchen.

Der Psychologe und Theologe Heribert Fischedick hat auf dem Hintergrund der Jung'schen Psychologie ein Buch über die Heldenreise als Weg zu unserem wahren Selbst geschrieben. Dass der Weg Jesu dem Weg des Helden in den Mythen und griechischen Sagen gleicht, spricht seiner Meinung nach nicht gegen die Geschichtlichkeit des Geschehens, das uns die Evangelien beschreiben. »Diese innere Verwandtschaft ist vielmehr ein Anlass zu fragen, was eigentlich im Lebensweg Jesu an zeitlos gültigen und wesenhaft menschlichen Wahrheiten erfahren wurde, so dass seine Lebenswirklichkeit und seine Bedeutung gar nicht anders als im Bild des Heldenweges für künftige Generationen erhalten und verwertbar gemacht werden konnte« (Fischedick, 31).

Wenn wir auf dem Hintergrund der Heldenreise das Schicksal Jesu meditieren, finden wir uns in allen Ereignissen wieder. Und wir spüren, dass auch unser Weg zum wahren Selbst nur über Tod und Auferstehung gehen kann, über das Eintauchen in die Tiefen der irdischen Erfahrungen, in die äußerste Dunkelheit, damit alles in uns dann vom Licht Jesu erleuchtet werden kann und wir wie die Sonne am Morgen wieder auferstehen. Die Liturgie der frühen Kirche hat das Untergehen der Sonne am Abend und ihr Aufgehen am Morgen immer auch als Bild für Tod und Auferstehung Jesu gesehen und zugleich als Bild für unser eigenes Leben. In der Nacht tauchen wir ein in das Dunkel der Träume und am Morgen stehen wir mit Christus neu auf.

In der Bibel sind viele Heldenreisen erzählt. Da ist der Prophet Jona, der drei Tage im dunklen Bauch des Walfisches bleibt. Diese Erfahrung von Dunkelheit hat ihn so verwandelt, dass er den Auftrag Gottes erfüllen konnte. Auch Simson erlebt eine Heldenreise: Ein Engel verkündet dem unbedeutenden Mann Manoach, dessen Frau unfruchtbar war, die Geburt Simsons und Gott segnet den Knaben. Aber der Geist Gottes treibt Simson auch umher, sodass er viele Abenteuer erlebt (Richter 13,25). Zuletzt wird Simson gefangen und man sticht ihm die Augen aus. Bei einem Fest der Philister ruft man Simson herbei, um mit ihm Spaß zu treiben. Doch Simson packt die beiden Mittelsäulen des Gebäudes. Das Gebäude fällt zusammen und begräbt alle unter sich. So heißt es im Buch der Richter: »So war die Zahl derer, die er bei seinem Tod tötete, größer als die, die er während seines Lebens getötet hatte« (Richter 16,30). Die Kirchenväter sahen in Simson ein Bild für Jesus, der durch seinen Tod und seine Auferstehung die Menschen erlöste und sie von ihren inneren Feinden befreite.

Ein schönes Bild für die Heldenreise in der Bibel ist die Gegenüberstellung von Eden und Ölberg. Im Garten Eden waren Adam und Eva glücklich. Sie lebten im Einklang mit der Natur und mit Gott. Doch sie lebten unbewusst. Sie hatten ihr Ich noch nicht gefunden. Erst durch die Verführung durch die Schlange wurden sie sich ihres Ich bewusst. Sie erkannten, dass sie nackt waren. Sie schämten sich vor Gott und versteckten sich vor ihm. Aus dem Garten Eden wurden sie vertrieben, weil sie an ihrem Selbst vorbeigelebt haben. Gott selbst spricht zu sich: »Siehe, der Mensch ist wie einer von uns geworden, dass er Gut und Böse erkennt« (Genesis 3,22). Jetzt müssen sich Adam und Eva mit sich selbst konfrontieren und dass sie von der Erde genommen sind: »Staub bist du und zum Staub kehrst du zurück«, sagt Gott zu Adam (Genesis 3,19). Sie werden sich ihrer Sterblichkeit und Hinfälligkeit bewusst.

Manche Heldenreisen beginnen mit einer anfänglichen Idylle, in der noch alles gut und geordnet ist. Doch dann kommt die Auseinandersetzung mit feindlichen Mächten. Jesus bittet Gott am Ölberg, dass er ihn vor dem Weg des Leidens bewahren möge. Er sieht das Leiden auf sich zukommen und er ringt im Gebet darum, sich Gottes Willen zu überlassen.

Das Ich will nicht leiden. Doch das Selbst weiß, dass das Leiden zu seinem Weg gehört. Jesus hat erkannt: Sein wahrer Wille, der dem Selbst entspringt, ist identisch mit dem Willen Gottes. Er spürt, dass das Leiden zu seinem Weg gehört. Er könnte sich auch vor dem Leiden drücken und sich in Sicherheit bringen, aber so würde sein Weg nicht zum Segen werden für die Menschen. So zeigt uns Jesus am Ölberg, dass auch unsere Heldenreise – wie die vielen Heldenreisen, von denen uns die Mythen und Märchen erzählen – durch das Leiden zur Auferstehung führt, zu einem neuen Leben, zu unserem wahren Selbst. Die Heldenreisen beschreiben den Weg der Selbstwerdung und Menschwerdung, den wir alle zu gehen haben.

Jesus bittet die Jünger, mit ihm zu beten, doch sie schlafen. Das wiederum ist ein Bild für uns: Wir schlafen lieber, wir lullen uns ein in unsere Vorstellungen vom Leben. Wir verweigern die Heldenreise, die wir antreten müssten, wenn wir zu unserem wahren Selbst gelangen wollten. Das Schicksal trifft Jesus nicht einfach. Er ringt sich durch und geht schließlich bewusst seinen Weg durch das Leiden.

Auch der Evangelist Markus versteht den Weg Jesu als Heldenreise. Im ersten Teil seines Evangeliums treibt Jesus voller Kraft Dämonen aus, er besiegt das Böse und befreit die Menschen von ihren inneren Zwängen und von falschen Selbstbildern. Dann geht er in der Passion mitten in die Finsternis. Aber indem er durch die Dunkelheit hindurchgeht, bleibt er der Sieger. Für Markus klingt Jesu Schrei am Kreuz nicht wie ein Schrei der Verlassenheit, sondern wie ein Siegesschrei. Jesus stirbt nicht als Opfer, sein Sieg wird in der Auferstehung für alle sichtbar. Jetzt beginnt ein neues Leben.

Markus beschreibt den Weg Jesu auch als unseren Weg. Auch wir können dem Leiden nicht entgehen und uns in Sicherheit bringen. Manche Menschen möchten alles kontrollieren, sie wollen, dass alles beim Alten bleibt. Doch so verweigern sie die Entwicklung, sie verweigern den Weg zu ihrem wahren Selbst. Jesus zeigt uns, dass wir mit ihm durch alle Nöte und Bedrängnisse unseres Lebens hindurchgehen können. So können wir das Schicksal Jesu als eine Heldenreise betrachten, die auch wir zu bestehen haben, um unser wahres Selbst zu finden.

Das wahre und falsche Selbst

Anknüpfend an C. G. Jung spricht der amerikanische Franziskaner Richard Rohr vom »wahren und falschen Selbst«. Er betrachtet die Auferstehung als den Weg zum wahren Selbst und setzt sie gleich mit der »Offenbarung unseres wahren Selbst« (Rohr, 12). Dabei denkt er nicht zuerst an die Auferstehung nach unserem Tod, sondern an eine Auferstehung hier und jetzt. Die Auferstehung Jesu bedeutet für uns, dass wir in eine neue Existenz übergehen. Wir verweigern radikal, uns mit einer Opferrolle zu identifizieren und haben es hier seiner Meinung nach mit einem ganz und gar neuen Drehbuch für die Geschichte zu tun. Das wahre Selbst ist der Mensch, der durch Tod und Auferstehung zu einem neuen Menschen geworden ist, in dem Christus lebt als sein wahres Zentrum.

Dieses wahre Selbst ist für Menschen bedrohlich, die sich in ihrem Ego eingerichtet haben. Rohr schreibt: »Wenn unser wahres Selbst aufersteht, werden wir in viele Gruppen nicht mehr hineinpassen, auch nicht in eine religiöse Gesellschaft, die dem falschen Selbst oft schmeichelnd und nachgiebig begegnet« (Rohr, 12). Er unterscheidet die Zentrierung auf das wahre Selbst von der Egozentrik, die sich nur um das Ego dreht. Wir haben in unserem wahren Selbst »einen absoluten Bezugspunkt«, der in uns und zugleich jenseits von uns liegt. Das wahre Selbst begegnet auch dem wahren Gott und nicht mehr nur unseren Projektionen von Gott.

Im Gegensatz zum wahren Selbst, zu dem wir vorstoßen, wenn wir unser Ego loslassen, ist das falsche Selbst für Rohr nicht unbedingt schlecht: »Das falsche Selbst ist eher unecht als schlecht, und es ist auch nur dann unecht, wenn es mehr vorgibt, als es wirklich ist« (Rohr, 47). Unser falsches Selbst will nach außen hin imponieren. Das gilt auch für unsere Spiritualität. Manche Menschen, die einen spirituellen Weg gehen, wollen sich dabei selbst beweisen und sich über andere stellen. Sie wollen eine spirituelle Leistung vorweisen. Das ist immer ein Zeichen für ein falsches Selbst. Rohr bezieht sich auf den Trappistenmönch und Mystiker Thomas Merton, der als Erster den Begriff des »falschen Selbst« verwendet hat. Er unterstrich damit die Bedeutung der zentralen Lehre Jesu, dass wir für uns selbst sterben, also uns verlieren müssen, um uns zu finden.

Das leere Selbst

Der amerikanische Psychologe Philip Cushman hat den Begriff »leeres Selbst« eingeführt. Das leere Selbst ist ständig darauf aus, »die Leere mit Konsumgütern, Kalorien, Erfahrungen, Liebespartnern und einfühlsamen Therapeuten aufzufüllen, um damit die wachsende Entfremdung zu bekämpfen«, so schreibt die Psychologin Ursula Nuber in ihrem Buch »Die Egoismusfalle«. Weil das leere Selbst keine echte Beziehung knüpft zu anderen Menschen, empfindet es »schmerzhaft den Mangel an Gemeinschaft, Tradition und geteilter Erfahrung« (Nuber, 84). Um diesen Mangel nicht spüren zu müssen, versucht es die Leere mit Konsum zu füllen.

Das leere Selbst ist das Gegenteil des wahren Selbst. Menschen mit einem leeren Selbst spüren sich nicht. Doch weil es unangenehm ist, sich seinem leeren Selbst zu stellen, gerät man leicht in die Sucht, die eigene Leere mit Äußerlichkeiten, Drogen oder mit ständigen Kontakten auszufüllen. Menschen mit einem leeren Selbst brauchen zwar ständig Menschen um sich, aber sie sind unfähig, eine wirkliche Beziehung einzugehen. Sie benutzen die Menschen in ihrem Umfeld nur, solange sie ihnen einen Vorteil bringen. Sie konsumieren nicht nur Waren, sondern auch andere Menschen. Sie gehen Beziehungen ein, wann es ihnen passt, und kündigen sie auf, wenn sie nicht mehr nötig sind. Das leere Selbst ist ein Zerrbild des wahren Selbst, geprägt durch einen brutalen Egoismus.

Ein Grund für das leere Selbst ist der Perfektionismus, der dazu führt, alle Teile, die uns nicht gefallen, die nicht mit unserem Selbstbild übereinstimmen, aus uns »hinauszuwerfen« und auf andere zu projizieren. Mein eigenes Minderwertigkeitsgefühl zeigt sich beispielsweise, wenn ich andere entwerte. Doch je mehr eigene Anteile ich auf andere projiziere, desto leerer werde ich selbst. Wir wollen dann das, was wir aus uns »hinausgeworfen« haben, ersetzen durch etwas, was uns die anderen geben: ihre Liebe, Anerkennung oder ihr Mitgefühl.

Das gelingt meistens nicht. Es wäre vielmehr unsere Aufgabe, uns auszusöhnen mit den verwundeten Teilen und den Bereichen unserer Psyche, die uns mangelhaft erscheinen, und sie zu verwandeln. Die Verwandlung kann geschehen, indem wir das Mangelhafte in uns annehmen und unsere Lebensgewohnheiten ändern. Dieser Weg ist oft länger und schwieriger, aber letztlich gesünder. So bleibt das Selbst nicht leer, sondern es wird erfüllt von Wohlwollen, Liebe und Zuwendung.

Selbstsein in der Mönchstradition

Für die frühen Mönche war die Selbsterkenntnis eine wichtige Voraussetzung für die Gotteserkenntnis. Evagrius Ponticus greift mit seinem schon zitierten Wort »Willst du Gott erkennen, lerne vorher dich selbst kennen« (Evagrius, PG 40, 1268C) eine Aussage auf, die schon Clemens von Alexandrien 150 Jahre vor ihm formuliert hat. In den Vätersprüchen (*Apophthegmata Patrum*) werden die Fragenden immer wieder ermahnt, sich selbst auszuhalten, im Kellion, also ihrer Mönchszelle, zu bleiben, anstatt vor sich selbst davonzulaufen. Nur wenn sie den Mut haben, der eigenen Wahrheit zu begegnen, werden sie auch dem wahren Gott begegnen. In einem interessanten Väterspruch wird die Selbsterkenntnis so beschrieben:

Es sagte Abbas Poimen zu Abbas Joseph: »Sage mir, wie ich Mönch werde.« Und der sagte: »Wenn du Ruhe finden willst, hier und dort, sage dir bei jeder Angelegenheit: ›Ich – wer bin ich?‹, und verurteile niemanden!« (Schweitzer I, 385).

Abba Poimen geht es um die Frage, wie er Mönch, wie er ein geistlicher Mensch werden kann. Kirchenväter deuten das Wort Mönch – *monachos* – nicht nur von *monazein* (sich zurückziehen), sondern auch von *monas* (Einssein). Abba Joseph zeigt dem Poimen einen Weg zum Einssein, zum Einklang mit sich selbst, zur wahren Ruhe.

Die Frage »Wer bin ich?« scheint zunächst nichts mit Gott zu tun zu haben. Sie will dem Mönch helfen, zu sich selbst zu finden, ganz er selbst zu werden, echt und authentisch zu sein. Doch letztlich führt die Frage »Wer bin ich?« auch zu Gott. Denn wenn ich sie bei allem stelle, was ich tue, merke ich, wie oft ich eine Rolle einnehme, wie oft ich die Erwartungen der anderen erfülle und wie oft ich mich durch mein Tun selbst beweisen und etwas leisten möchte. Dann befreit mich diese Frage von meinem falschen Selbst, vom Ego, das immer imponieren möchte.

Wenn ich mir immer wieder die Frage stelle »Wer bin ich?«, werde ich nie bei einer eindeutigen Antwort landen. Die Frage führt mich vielmehr in die Tiefe meiner Seele, in den Raum, in dem mein wahres Selbst verborgen liegt. Und in diesem inneren Raum der Stille verbindet sich die Frage nach dem Ich mit der Frage nach Gott. Denn ich werde am Grund meiner Seele entdecken, dass dieses einmalige Ich – in der Sprache Jungs das Selbst – von Gott geformt wurde und immer wieder neu geformt wird. So zielt diese Frage nicht nur auf das Gelingen meiner Menschwerdung, sondern auch auf eine authentische Gotteserfahrung. Da spüre ich ein Miteinander-verwoben-Sein von Gott und meinem Selbst, meinem innersten Kern.

Die Mönche sprechen nicht vom Selbst, sondern vom Ich. Aber indem sie die Frage nach dem Ich immer weitertreiben, landen sie letztlich beim Selbst, das man nicht beschreiben kann. Abba Joseph verbindet mit der Frage nach dem Ich zugleich die Mahnung »Richte niemand«. Das Nichtrichten fließt von allein aus der Frage »Wer bin ich?«, denn wenn ich mich mit allen Höhen und Tiefen und mit dem Geheimnis meines Selbst erkenne, werde ich nicht über andere richten. Deshalb heißt es in einem anderen Väterspruch:

Ein Altvater wurde einmal von einem Bruder gefragt: »Warum urteile ich eigentlich so häufig über meine Brüder?« Und er antwortete ihm: »Weil du dich noch nicht selbst kennst. Denn wer sich selbst kennt, der sieht die Fehler der Brüder nicht« (Johannes Moschos, PL 74, 192B).

Wenn wir andere richten, sind wir ständig auf sie fixiert und verlieren unsere eigene Mitte. Wir lassen uns von den anderen aus unserer eigenen Mitte herausreißen. Das tut unserer Seele nicht gut, denn wir verlieren uns selbst und unsere innere Ruhe.

Wer durch die Frage »Wer bin ich?« in die Tiefe seiner Seele gelangt, fühlt sich verbunden mit anderen Menschen. Und in der Tiefe versteht er die Menschen, die genauso wie er Helles und Dunkles in sich erfahren. Das Einssein, zu dem uns die Frage nach dem Ich führt, befreit uns vom Richten und Urteilen. Wir fühlen uns eins mit den Menschen und verstehen sie.

Die Übung, zu der Abba Joseph rät, soll den Mönch zur Ruhe führen. *Hesychia*, die Ruhe, war das Ziel des spirituellen Weges der Mönche. Gemeint war aber nicht nur eine äußere Ruhe, sondern die Erfahrung, mit sich selbst in Einklang zu kommen und in Frieden zu sein. Diesen Einklang mit sich selbst erfährt der Mönch nur, wenn er zugleich mit Gott eins ist, wenn er alles, was er in sich trägt, auf Gott hin öffnet und von Gottes Liebe durchdringen lässt.

Ruhe ist letztlich eine mystische Erfahrung. Man kann diese Erfahrung aber auch mit Aufwachen beschreiben. Wenn ich immer wieder die Frage nach dem Ich beziehungsweise dem Selbst stelle, lösen sich alle meine Projektionen und Vorstellungen von mir selbst und von den Menschen auf. Die Kirchenväter beschreiben den Zustand vieler Menschen als einen Schlafzustand. Das gilt auch für uns heute. Wir haben uns eingelullt in unsere festen Vorstellungen von uns, von der Welt, von Gott. Das ständige Fragen will uns jedoch die Augen öffnen, damit wir mit unserer wahren Wirklichkeit in Berührung kommen, aber auch mit der Wahrheit der Welt. Auf einmal gehen uns die Augen auf. Wir sehen die Welt mit anderen Augen. Wir erkennen in allem letztlich Gott. Und wir erkennen auch den göttlichen Kern in unseren Mitmenschen. Damit verstummt jedes Urteilen über sie.

Papst Gregor erzählt in der Lebensbeschreibung des heiligen Benedikt, dass dieser sich nach dem Scheitern als Klostervorsteher in Vicovaro, wo die Mönche ihn wegen seiner Strenge vergiften wollten, wieder in die Einsamkeit zurückzog: »Dann kehrte er in seine geliebte Einsamkeit zurück und wohnte ganz in sich selbst – allein – im Angesicht Gottes« (Papst Gregor, Dialoge II, 30).

In sich selbst wohnen, das meint, ganz in seinem wahren Selbst zu Hause sein. Papst Gregor erklärt diesen Ausdruck auf seine Weise: »Denn jedesmal wenn wir durch gedankliche Beanspruchung allzu sehr außer uns geraten, bleiben wir zwar noch wir selbst, aber wir sind nicht mehr bei uns selbst, weil unsere Aufmerksamkeit abgelenkt ist und wir uns selbst aus dem Auge verloren haben« (Dialoge II, 30).

Bei sich selbst oder *in sich selbst wohnen*, heißt: in seiner Mitte sein, aus der Mitte, aus dem wahren Selbst heraus zu wirken und sich nicht von außen bestimmen lassen. Wenn ich bei mir oder in mir wohne, wenn Gott selbst in mir wohnt, habe ich immer einen Ort in mir, den andere Menschen nicht erreichen können, einen heiligen Raum, zu dem der Trubel der Welt keinen Zutritt hat.

Gregor beschreibt den Zustand des In-sich-Wohnens noch genauer: »Unser heiliger Mann wohnte ganz in sich selbst, weil er allezeit wachsam auf sich achtete, sich selbst allezeit unter den Augen des Schöpfers sah, sich allezeit prüfte und sein inneres Auge nicht außerhalb seiner umherschweifen ließ« (Dialoge II, 30).

In sich selbst wohnen bedeutet also: ganz im Augenblick und eins mit sich selbst sein, in sich gesammelt, frei von Zerstreuung, die unser Ich oft in Stücke reißt. Aber zugleich ist ein Mensch, der bei sich wohnt, stets schon in Beziehung zu Gott. Natürlich kann niemand ständig in diesem Zustand sein. Aber es ist eine spirituelle Aufgabe, immer wieder zu sich selbst zurückzukehren, um bei sich und in sich selbst zu wohnen. Nachdem Benedikt dieses Wohnen in sich selbst lange genug geübt hat, konnte er auf einmal junge Männer begeistern und mit ihnen ein Kloster gründen. Jetzt war er fähig, eine Gemeinschaft zu leiten, und so wurde er zum Segen für viele.

Damit eine Gemeinschaft gelingen kann, braucht es das Wohnen in sich selbst. In jeder Gemeinschaft gibt es verschiedene Ansprüche und Erwartungen. Und immer wieder treten Konflikte auf. Wenn Glieder der Gemeinschaft ständig andere richten und ihre eigenen unbewussten Anteile auf sie projizieren, wird das Leben dort zur Hölle. So kreist man ständig nur um die anderen. Der heilige Benedikt spricht von »Gyrovagen«, das sind Mönche, die an kein Kloster gebunden sind und ständig umherwandern. Man kann das auch als Bild für Mönche in einer Gemeinschaft sehen, die nicht in sich selbst wohnen, sondern ständig bei den anderen sind und deren Fehler weitererzählen.

Benedikt verlangt von seinen Mönchen *stabilitas*. Das bedeutet: einen festen Stand haben, Standfestigkeit zeigen, auch in Konflikten bei sich selbst bleiben und ausgehend von der eigenen Mitte angemessen auf die Spannungen in der Gemeinschaft reagieren. Wenn wir nicht bei uns selbst zu Hause sind, fühlen wir uns auch in der Gemeinschaft wie Obdach- und Heimatlose und müssen dann ständig herumwandern und uns über die Fehler der anderen aufregen.

Selbstbild und Gottesbild

Wir leben heute in einer Welt der Bilder. Doch die vielen Bilder, die von außen auf uns einströmen, hindern uns daran, das eigentliche Bild in uns zu entdecken: das Bild, das Gott sich von uns gemacht hat. Die Bilder von außen verstellen den Blick auf das innere Bild. All die vielen Bilder wirken auf uns, aber sie zerstreuen uns auch. Oft werden wir hin- und hergerissen von der Vielfalt der Bilder, denen wir ausgesetzt sind. Vor lauter Bildern wissen wir nicht mehr, wer wir eigentlich sind. Die Bilderflut hindert uns daran, unser wahres Selbst zu entdecken.

Die Menschen lieben heute eher Bilder als Worte. Bilder prägen sich schneller ein und bewirken oft mehr als Argumente. Sie vermitteln uns wesentliche Botschaften für unser Leben und können eine positive Wirkung auf uns haben. Aber die Vielfalt der Bilder kann uns auch erschlagen. Manche Menschen sind süchtig nach negativen Bildern. Wenn sie an einem Unfall vorbeikommen, bleiben sie stehen, gaffen und behindern die Arbeit von Polizei und Rettungsdienst. In einer Welt voller Bilder ist es wichtig, die richtigen Bilder zu finden: ein angemessenes Bild von uns selbst und heilsame Bilder von Gott.

Schon in unserer Kindheit wird der Grundstock gelegt für unser Selbstbild und auch für unser Gottesbild – und zwar sowohl von den Eltern und dem religiösen Klima, das in unserem

Elternhaus herrscht, also von der Spiritualität, die die Eltern geprägt hat, als auch vom religiösen Klima, das uns in Gottesdiensten und im Religionsunterricht begegnet. Wie diese Bilder in uns entstehen, wollen wir uns nun genauer ansehen. Zunächst geht es um die Entstehung gestörter Selbstbilder, bevor wir schließlich betrachten, was zu ihrer Heilung beiträgt.

Gestörte Selbstbilder

Selbstüberschätzung

Ein zu hohes Selbstbild kann in einem Jungen entstehen, wenn die Mutter ihn wie einen Prinzen behandelt, wenn sie ihren Wunsch nach einem guten Mann aus Enttäuschung über ihren konkreten Partner auf den Sohn projiziert. Er fühlt sich überall wie ein Prinz und wird blind für seine Fehler und Schwächen. In einem Mädchen entsteht ein zu hohes Selbstbild, wenn der Vater sie als Vertraute benutzt und mit ihr seine Probleme bespricht. So kann sie keine eigene Identität entwickeln.

Oft haben Kinder den Eindruck, dass sie von den Eltern nur gesehen werden, wenn sie etwas leisten. Dann entwickeln sie den Anspruch an sich selbst, stets perfekt und erfolgreich zu sein und alles im Griff haben zu müssen. Manchmal entsteht in Kindern auch ein zu hohes Selbstbild, weil sie die negativen Urteile, die sie von ihren Eltern erhalten haben, kompensieren müssen, indem sie bewusst das Gegenteil von sich behaupten. Sie haben den Anspruch an sich, immer cool zu sein. Sie möchten sich immer und überall kontrollieren. Dann können die anderen ihre empfindlichen Gefühle nicht wahrnehmen.

Es ist gut, Kinder zu loben. Dadurch wachsen sie. Aber es gibt auch Eltern und Verwandte, die Kinder zu sehr in den Himmel heben. Das führt dazu, dass die Kinder selbst diese Einschätzung übernehmen, sich wie etwas Besonderes fühlen und sich selbst über alle anderen stellen. Aber es gibt auch das Gegenteil: Wenn die Eltern ein Kind kleingemacht und ihm nichts zugetraut haben, denkt es sich vielleicht aus, dass es ein Fußballheld oder ein Schauspielstar wird. Es möchte den eigenen Schwächen entfliehen, indem es sich mit Grandiosität umgibt. Weil es sein Leben nicht bewältigt, flüchtet es in grandiose Vorstellungen von sich selbst, zum Beispiel: Ich bin ein verkanntes Genie. Ich bin ein begnadeter Dichter. Aber die Ergebnisse der Dichtkunst zeigen nichts von dieser eingebildeten Grandiosität. Die Psychologie spricht dann von Narzissmus. Man fantasiert sich in seine eigene Großartigkeit hinein, getrieben vom Bedürfnis, überall bewundert zu werden. Doch ein Gespür für andere Menschen fehlt. Alles dreht sich nur um seine eigenen Bedürfnisse, um seine Sucht, von allen und in allem bewundert zu werden.

Selbstunterschätzung

Ein zu niedriges Selbstbild entsteht, wenn Eltern ständig ausdrücken, dass ein Kind nicht ihren Vorstellungen entspricht, dass es nichts richtig macht, dass sie es nicht mögen und nicht aushalten. Kinder verinnerlichen solche Botschaften und sind deshalb ständig geplagt von Gedanken wie: Ich bin zu langsam. Ich bin dumm. Ich kann nichts. Eine andere Ursache für ein zu niedriges Selbstbild ist das Vergleichen. Wenn die Eltern ein Kind ständig mit anderen, besser begabten Kindern vergleichen, dann übernimmt es dieses Vergleichen auch später und fühlt sich immer minderwertig. Alle anderen sind besser. Sein Leben lang fühlt sich dieser Mensch vom Schicksal benachteiligt. Für die Entwicklung des Selbstbildes ist auch die Gemeinschaft in der Schulklasse wichtig. Wer sich hier als Außenseiter fühlt, den verfolgt dieses Gefühl oft ein Leben lang. Er glaubt, dass die anderen ihn nicht schätzen, dass er bei ihnen nichts gilt.

Auch die Gesellschaft erzeugt mit ihren harten Urteilen oft eine Selbstunterschätzung. Da werden Menschen aus anderen Kulturen oder aus sozial benachteiligten Verhältnissen als minderwertig eingestuft und disqualifiziert. Sie gelten in der Gesellschaft nichts. Solche Urteile prägen sich ihnen ein und führen dazu, dass sie selbst ein negatives Bild von sich entwickeln.

Der Arzt und Psychotherapeut Alfred Adler entwickelte seine Theorie über Minderwertigkeitskomplexe, indem er Menschen mit körperlicher Beeinträchtigung beobachtete. Manche Menschen fühlen sich körperlich nicht so attraktiv, schwächer als andere oder kränklich. Das führt oft zu dem Gefühl, weniger wert zu sein. Nach Adler besteht nun die Möglichkeit, dieses körperliche Defizit mit guten Leistungen auf geistigem Gebiet zu kompensieren. Doch Personen, denen das nicht gelingt, agieren ihren Minderwertigkeitskomplex oft aus, indem sie andere kleinmachen, um an ihre eigene Größe glauben zu können.

All diese zu hohen oder zu niedrigen Selbstbilder hindern mich daran, mein wahres Selbst zu finden. Ich zimmere mir mein eigenes Selbstbild zurecht. Doch dann lebe ich nicht meinem Wesen gemäß. Ich lebe die Bilder, die andere sich von mir machen, oder die Bilder, die ich mir selbst zurechtgelegt habe. In der geistlichen Begleitung erleben wir, dass es eine Korrelation zwischen Selbstbild und Gottesbild gibt und diese Selbstbilder immer auch das Gottesbild prägen.

Selbstbild und Gottesbild

Ein negatives Selbstbild führt oft auch zu einem negativen Gottesbild, und umgekehrt kann ein negatives Gottesbild auch ein negatives Selbstbild bewirken. Das Gottesbild hängt sehr stark von unseren Erfahrungen mit Vater und Mutter ab. Viele tun sich heute schwer damit, Gott als Vater zu sehen, weil sie ihren biologischen oder sozialen Vater negativ erlebt haben. Oft prägt das Vaterbild unbewusst das Gottesbild. Ein Priester predigte immer vom barmherzigen Gott. Doch in seiner Familie hatte er einen Vater erlebt, der als Alkoholiker voller Willkür war. So war bei ihm das Gefühl entstanden, dass man Gott nicht trauen kann, dass Gottes Wille willkürlich ist und ihm jederzeit einen Strich durch die Rechnung machen kann. Hat ein Mensch jedoch eine gute Vatererfahrung, fällt es ihm leicht, auch Gott als Vater zu sehen. Die Vorstellung tut ihm gut und stärkt ihm den Rücken. Ähnlich ist es mit dem Mutterbild. Ein positives Mutterbild führt auch dazu, das Mütterliche in Gott zu erkennen. Doch war die Erfahrung mit der eigenen Mutter nicht nährend, dann fühlt man sich auch von Gott nicht verstanden. Dann bleibt Gott fremd und kalt.

In manchen Familien wurde Gott als Erziehungsmittel missbraucht. Die Drohung »Der liebe Gott sieht alles« führte bei vielen Kindern zur Vorstellung eines kontrollierenden Gottes. Man muss Angst vor ihm haben, weil es beim Kontrollieren allein natürlich nicht bleibt: Gott sieht deine Fehler und wird dich dafür bestrafen. Dieses Gottesbild führt dazu, dass Menschen sich wie Sünder fühlen und ständig Schuldgefühle mit sich herumtragen.

Kinder, denen ständig vermittelt wird, dass sie schlecht oder gar böse sind, projizieren ihr negatives Selbstbild, das dadurch entsteht, auch auf Gott. Der kontrollierende und strafende Gott passt genau auf, ob ich etwas nicht richtig mache. Das erzeugt Angst. Ich habe Angst vor dem, was in mir ist, daher muss ich alles in mir kontrollieren. Oder ich bestrafe mich selbst, wenn ich einen Fehler mache. Ein Psychotherapeut spricht davon, dass manche Menschen sich unbewusst selbst bestrafen, indem sie sich zum Beispiel ständig irgendwo die Finger einklemmen. Die Tendenz zur Selbstbestrafung entspricht dem Bild eines strafenden Gottes. Ich bestrafe mich, weil ich mir selbst vorwerfe, schlecht zu sein.

Ein negatives Selbst- und Gottesbild wird auch durch das religiöse Klima geprägt, das man als Kind im Gottesdienst oder im Religionsunterricht erlebt hat. Wenn da ständig vom Teufel, von der Sünde und vom strafenden Gott die Rede war, dann hat sich das auch in der Seele des Kindes festgesetzt. Gerade Kinder, die von sich selbst negativ denken, sind für solche negativen Gottesbilder empfänglich. Von zwei Frauen, die beide in derselben Pfarrei aufgewachsen sind, erzählte die eine, der Pfarrer habe immer von der Hölle und von einem strafenden Gott gepredigt. Die andere meinte, sie habe das gar nicht so empfunden. Offensichtlich hatte sie von ihrer Familie ein positives Selbstbild mitbekommen, sodass sie die negativen Bilder, die der Pfarrer von Gott vermittelte, gar nicht wahrgenommen oder zumindest nicht ernst genommen und schließlich vergessen hat.

In der Begleitung vor allem von Männern und Frauen, die einen geistlichen Beruf gewählt haben, hören wir oft: »Ich wollte Gottes Willen gehorchen, ich wollte Gott mein ganzes Leben zur Verfügung stellen.« Das klingt sehr fromm. Doch die Frage ist: Was verbinde ich mit Gottes Willen? Ist es der Wille eines willkürlichen Gottes, eines kontrollierenden Gottes oder eines Gottes, der Perfektion und Vollkommenheit von uns verlangt? Ist es der Wille meines eigenen Ego oder ist es wirklich der Wille Gottes, von dem Paulus sagt: »Das ist es, was Gott will: eure Heiligung« (1 Thessalonicher 4,3). Gott will, dass wir heil und ganz werden, und nicht, dass wir die Forderungen unseres Ego nach Perfektion erfüllen. Es gibt fromme Menschen, die euphorisch von Gott als dem absolut Vollkommenen und der absoluten Liebe sprechen. Doch manchmal entsteht das Gefühl, dass sie mit ihrem zu großen und zu hohen Gottesbild nur das eigene Selbstbild zudecken, das eher von Minderwertigkeitskomplexen geprägt ist. Je abgehobener jemand von Gott spricht, desto mehr verliert er die Beziehung zu seinem wahren Selbst.

Negative Selbst- und Gottesbilder heilen

Zunächst geht es darum, die eigenen negativen Selbst- und Gottesbilder zu erkennen. Ich erkenne sie an meinen negativen Emotionen. Wenn ich ständig unzufrieden bin oder mich über andere ärgere, dann ist das oft ein Zeichen, dass ich nicht mit mir im Einklang bin, dass ich ein negatives Bild von mir selbst habe. Oder ich erkenne mein negatives Selbstbild daran, dass ich das, was ich bei mir nicht annehmen kann, auf andere projiziere. Wenn ich einem anderen gegenüber eine negative Emotion habe oder die Beziehung zu ihm voller Spannung und Widerstand ist, kann das natürlich auch eine Information über ihn sein. Aber häufig zeigt mir meine negative Emotion an, dass der andere eine Schattenseite in mir anrührt, die ich nicht annehmen kann. Mein negatives Gottesbild erkenne ich auch daran, dass ich ständig über andere urteile, die nicht glauben oder anders glauben, dass ich sie verurteile und ihnen die Hölle wünsche. Auch wenn ich Angst vor Gott habe, ist das ein Zeichen für ein negatives Gottesbild.

Dann geht es darum, die negativen Selbst- und Gottesbilder durch gesündere zu ersetzen. Ich soll lernen, mich selbst richtig einzuschätzen, meine Stärken und Schwächen zu akzeptieren und meine Würde als einmaliger und einzigartiger Mensch zu erkennen und anzunehmen. Gefragt ist auch immer das rechte Maß, um mich selbst angemessen einzuschätzen. Dazu braucht es auf der einen Seite Dankbarkeit, auf der anderen Seite Demut. Was ich an Fähigkeiten habe, ist auch ein Geschenk. Das positive Selbstbild wird sich auch auf das Gottesbild auswirken.

Ein Weg, die negativen Selbst- und Gottesbilder zu verwandeln, geht über die Kindheitserinnerung. Wir haben ja nicht nur verletzende Erfahrungen gemacht, sondern als Kinder auch Orte erlebt, an denen wir uns geborgen und geliebt fühlten. Diese Geborgenheit war immer auch eine Gotteserfahrung. Daher sollten wir uns an solche Situationen erinnern. Wenn wir uns als Kinder verletzt fühlten, haben wir oft instinktiv das gesucht, was uns guttut.

Ein Priester, der nicht mehr beten konnte, weil ihm alles hohl vorkam, antwortete auf die Frage, wo er sich als Kind absolut geborgen gefühlt hat: Wenn er im Zimmer seiner Großmutter für sich spielen konnte und die Großmutter dabei im Sessel saß und strickte, da spürte er Geborgenheit. Ich riet ihm, sich das Bild dieser Geborgenheit jetzt beim Beten zu vergegenwärtigen. Es ist gar nicht wichtig, was er genau betet. Er betet die Psalmen und spürt die mütterliche Anwesenheit Gottes, so wie er damals die heilsame Nähe seiner Großmutter gespürt hat. Seine Unfähigkeit zu beten hing damit zusammen, dass er ein forderndes Gottesbild hatte. Gott will, dass ich immer andächtig bin beim Beten. Gegen dieses Bild hat sich bei diesem Priester Widerstand geregt. Der Widerstand hatte Sinn. Er brachte ihn dazu, über sein Gottesbild neu nachzudenken und durch die Erinnerung an seine Kindheit das Bild von einem Gott zu entdecken, der ihm Geborgenheit, Liebe und Sicherheit schenkt.

Das negative Selbstbild kann geheilt werden, wenn wir uns daran erinnern, wo wir als Kind Leidenschaft und Lebendigkeit gespürt haben, wo wir uns zutiefst auf ein Spiel oder auf das Miteinander einlassen konnten. Die Erinnerung an unser begeistertes Spielen in der Kindheit bringt uns in Berührung mit unserer eigenen Kraft und mit der Lust, selbst etwas zu gestalten. Dieses Selbstbild wird auch unser Gottesbild verwandeln. Dann sehen wir in Gott nicht jemanden, der ständig etwas von uns fordert, sondern der uns mit leidenschaftlicher Kraft erfüllt.

Wichtig ist auch, in der Bibel nach den Gottesbildern zu suchen, die uns Jesus vor Augen geführt hat. Vor allem in seinen Gleichnissen provoziert er uns. Überall dort, wo wir uns über eine Stelle ärgern, will Jesus uns sagen: Schau genau hin. Wenn du dich ärgerst, ist es ein Zeichen dafür, dass du ein falsches Selbstbild und ein falsches Gottesbild hast.

Das Gleichnis vom Unkraut im Weizen (Matthäus 13,24–30) will uns zum Beispiel sagen: Lass deinen Perfektionismus los. Du kannst nicht alle Fehler aus dir herausreißen, du kannst sie nur eindämmen. Gott möchte nicht den perfekten Menschen, sondern er kennt uns genau und nimmt uns so an, wie wir sind. Gleichzeitig traut er uns zu, dass wir mit unseren Fehlern und Schwächen trotzdem gut leben können. Das Gleichnis zeigt, was es bedeutet, unsere Schatten zu integrieren. Wir sollen das »Unkraut« in uns wahrnehmen, und indem wir das tun, können wir uns davon distanzieren. Unser Schatten beherrscht uns nicht. Wir nehmen ihn an und lassen ihn zugleich los.

Das Gleichnis vom verlorenen Sohn (Lukas 15,11–32) zeigt uns das Bild eines Gottes, der väterlich auf uns zugeht und keine Vorwürfe macht, sondern uns liebevoll umarmt und uns immer die Chance zu einem Neuanfang gibt. Das Gleichnis von den Talenten (Matthäus 25,14–30) will uns sagen: Wenn du ein Gottesbild hast, das dir so Angst macht wie dem dritten Knecht, und wenn du alles kontrollieren willst, damit du absolut keinen Fehler machst, dann ist dein Leben jetzt schon zum Heulen und Zähneknirschen, dann bereitest du dir jetzt schon die Hölle. Nicht Gott macht dir das Leben zur Hölle, sondern du selbst tust es, wenn du absolut perfekt sein möchtest. Daher wird dieses Gleichnis auch als Einladung gedeutet, Abschied von der Selbstzerstörung zu nehmen.

Es braucht oft lange, bis die Gottesbilder, die Jesus uns aufzeigt, unsere negativen Gottesbilder verwandeln, denn sie werden ja durch unsere negativen Selbstbilder verstärkt. Aber zugleich dürfen wir hoffen, dass die Meditation der heilsamen Gottesbilder Jesu auch unsere alten Bilder langsam verwandelt. Wir brauchen Bilder von Gott, um über ihn sprechen zu können, gleichzeitig sollen wir immer wissen, dass Gott jenseits aller Bilder ist. Die Bilder von Gott öffnen uns das Fenster, durch das wir auf den Gott jenseits aller Bilder schauen. Ein dunkles oder trübes Fenster verdunkelt uns den Blick auf Gott.

Das gilt auch für unser Selbst. Wir sollen unsere negativen Selbstbilder durch heilende Bilder ersetzen, uns aber dabei bewusst machen, dass wir unser wahres Selbst nicht beschreiben können. Wir sollen uns befreien von dem Druck, unser wahres Selbst permanent vollkommen spüren und leben zu wollen. Es ist ein lebenslanger Weg, mit dem wahren Selbst in Berührung zu kommen. Und es gelingt nicht ständig. Wir verlieren unsere eigene Mitte auch immer wieder.

Wichtig ist es, ein Gespür davon zu bekommen, dass hinter all den Bildern, die andere sich von mir machen und die ich selbst in mir herumtrage, ein Selbst ist, das ich nicht genau beschreiben kann. Ich kann nur manchmal spüren: Jetzt bin ich ganz ich selbst, jetzt bin ich wirklich frei von allen äußeren Bildern. Jetzt bin ich ganz im Einklang mit mir selbst. Es ist alles stimmig.

Diese Erfahrung des Stimmigseins kann zugleich zur Gotteserfahrung werden. Ich stimme überein mit Gott. Ich bin eins mit dem Gott, den ich nicht begreifen kann, aber den ich wahrnehme als Gott, der mich ganz macht. Dann bin ich offen für den Gott, der letztlich ein unbeschreibliches Geheimnis ist und bleibt.

Der Weg zum Selbst in der Bibel

Die Bibel erzählt uns Geschichten, die uns zeigen, wie wir zu unserem wahren Selbst finden. Sie zeigt uns in den Worten Jesu auf, wie die Selbstwerdung gelingen kann. Aber es kommt immer darauf an, wie wir diese biblischen Geschichten und die Worte Jesu deuten. Es geht nicht darum, sie moralisierend auszulegen, sondern sie mystisch und psychologisch als Wege zum wahren Selbst zu verstehen.

Selbstsein – in die Mitte kommen

Im Markusevangelium sagt Jesus zu dem Mann mit der verdorrten Hand: »Steh auf und stell dich in die Mitte!« (Markus 3,3). Die Worte der Bibel sind immer offen für verschiedene Auslegungen. Die erste Deutung kann so lauten: Der Mann mit der verdorrten Hand steht für jemanden, der nicht selbst anpacken will, sondern lieber in der Zuschauerrolle bleibt. So umgeht er das Risiko, sich die Finger zu verbrennen. Diesen Mann fordert Jesus auf, sich in die Mitte zu stellen. Er soll sich den Menschen in der Synagoge zeigen. Er soll zu sich stehen.

Man kann das Wort aber auch so verstehen: Stell dich in deine Mitte, komm zu deiner Mitte. Im Deutschen meint der Ausdruck »zu seiner Mitte finden, in seine Mitte kommen«, dass man sich vom Äußeren löst und Zutritt findet zu seinem Inneren. In meiner Mitte sein bedeutet auch: ich selbst sein, mein wahres Selbst erkennen und in meinem Selbst ruhen, anstatt mich von außen her zu definieren, anstatt mich auf die Erwartungen und Meinungen der anderen zu fixieren. Wenn ich nicht in meine Mitte komme, werde ich mich immer instabil und unsicher anderen Menschen gegenüber fühlen.

Die griechische Bibelstelle ist kürzer: *egeire eis to meson*. Steh auf in die Mitte hinein! Doch das Wort *egeire* kann auch bedeuten: Wach auf, mach die Augen auf und entdecke deine Mitte, entdecke dein wahres Selbst. Es bezieht sich auch auf die Auferstehung. So betrachtet, bedeutet das Wort Jesu: Lass dein altes Ich, das nur auf dem Beobachterposten bleibt, sterben, und trau dich, ganz du selbst zu werden. Trau dich, in deine Mitte zu kommen und dich nicht von anderen bestimmen zu lassen.

Jesus sagt noch ein zweites Wort zu dem Mann mit der verdorrten Hand: »Streck deine Hand aus!« (Markus 3,5). Wenn er in seiner Mitte ist, dann befähigt ihn das, sein Leben selbst in die Hand zu nehmen, es so zu gestalten, wie es seinem wahren Selbst entspricht. Auf das Wort Jesu hin streckt der Mann wirklich seine Hand aus, und sie wird wiederhergestellt. Der Mann wird wieder handlungsfähig. Er setzt nicht nur seine Hand, sondern sich als ganze Person wieder in Bewegung. Wenn er so aus seiner Mitte, aus seinem wahren Selbst heraus handelt, kann er auch für andere zum Segen werden. Würde er in der Zuschauerrolle bleiben, hätte sein Leben keine Bedeutung. Er würde einfach nur existieren, aber nicht wirklich leben. Wirkliches Leben setzt voraus, dass wir mit unserer Mitte in Berührung kommen, dass wir zu unserem Selbst finden und mit dieser inneren Kraft unser Leben gestalten.

Wer mein Jünger sein will, verleugne sich selbst

Wenn wir von Selbstwerdung sprechen, wird uns oft das Wort Jesu entgegengehalten, wie es in einer älteren Bibelübersetzung heißt: »Wer mein Jünger sein will, der verleugne sich selbst, nehme sein Kreuz auf sich und folge mir nach« (Matthäus 16,24). Das griechische Wort *aparneisthai* steht für verleugnen, es bedeutet auch Nein sagen, sich weigern. Wer Jesus nachfolgt, muss Nein sagen zu den egozentrischen Tendenzen seiner Seele. Das Ego möchte am liebsten auch Gott für sich vereinnahmen. In der Szene, die diesem Wort vorausgeht, hat Jesus seinen Jüngern erstmals angekündigt, dass er leiden und sterben wird. Petrus entgegnet scharf, das dürfe keinesfalls passieren, Gott müsse es verhindern. Er will Jesus von seiner Vorstellung überzeugen. Doch Jesus sagt ihm: Du musst dich befreien von deiner Sicht der Dinge, denn das versperrt dir den Weg zu dem, was Gott will. Jesus nachfolgen kann man wörtlich verstehen. Man kann dieses Wort in der Terminologie von C. G. Jung aber auch so deuten: Jesus nachfolgen bedeutet, deinem wahren Selbst zu folgen – und dafür musst du dich befreien von der Macht des Ego.

Jesus ist bereit, seinen schweren Weg anzutreten. Wer frei werden möchte vom eigenen Ego, muss sein »Kreuz auf sich nehmen« und auch das Schwierige im Leben akzeptieren. Der amerikanische Psychologe John Sanford deutet das in der Sprache C. G. Jungs so: »Der Prozess der Bewusstwerdung verlangt, dass wir die Last unseres Seins und unserer Psyche auf uns nehmen« (Sanford, 106). Wenn das nicht gelingt, projizieren wir alle Schattenseiten, die wir ablehnen, auf die anderen.

Das Kreuz auf sich nehmen bedeutet, »dass wir die Last unseres besonderen Schicksals im Leben tragen, das heißt der unausweichlichen Bedingungen unserer besonderen Existenz« (Sanford, 106). Das Kreuz ist ein altes Einheitssymbol und vereinigt in sich alle Polaritäten. Wir sind gefordert, uns auszusöhnen mit unseren Gegensätzen. Wenn wir sie integrieren, werden wir ganz und gelangen zu unserem wahren Selbst. C. G. Jung geht davon aus, dass jeder, der sich auf den Weg der Ganzwerdung begibt, von inneren Gegensätzen durchkreuzt wird. Daher führt dieser Weg der Selbstwerdung, so meint Jung, immer über das Kreuz, über die Annahme meiner Gegensätze. Dann werden sie mich nicht zerreißen, sondern in mir zur Einheit kommen.

Sich selbst zum Opfer bringen

Das Ego loszulassen beschreibt die Bibel auch mit dem Begriff des Opfers. Dabei müssen wir unterscheiden zwischen *sacrificium* und *victima*:

Victima ist das Opfer, das getötet wird, zum Beispiel bei einem Unfall oder durch Mord. Für uns heißt es, dass wir zum Opfer werden, wenn uns etwas oder jemand verletzt. Viele Menschen werden Opfer, etwa wenn sie gemobbt oder ausgegrenzt werden. Das Ego fühlt sich oft auch als Opfer, wenn es von seiner

Umwelt nicht beachtet wird, wenn es übersehen wird, wenn andere achtlos an ihm vorübergehen. Das Ego fühlt sich durch mangelnde Anerkennung gekränkt. Häufig bleiben Menschen in ihrer Opferrolle stecken. Auch wenn wir auf den Vorstellungen beharren, die sich unser Ego vom Leben macht, können wir in eine Opferrolle rutschen. Wenn weder Gott noch Menschen noch das Schicksal diese Vorstellungen erfüllen, dann fühlen wir uns als Opfer. Der Weg vom Ego zum wahren Selbst will uns befreien von dieser Opferhaltung.

Sacrificium hingegen meint das Opfer, das ich Gott darbringe. Ursprünglich bedeutet es, etwas heilig machen, etwas aus dem weltlichen Bereich herausnehmen und es in den heiligen Bereich Gottes heben, sodass es Gott gehört. *Sacrificium* kommt von lateinisch *sacer* (heilig, ganz) und *facere* (machen). Es hat also auch mit dem Selbst zu tun. Im *sacrificium* machen wir uns ganz, wir erheben uns in den heiligen Raum, in dem wir ganz wir selbst sind. Wir opfern unser Ego, damit wir zu unserem wahren Selbst gelangen.

Unser deutsches Wort »Opfer« im Sinn von Gabe leitet sich ab vom lateinischen *offerre* (darbringen, hingeben). Das wahre Opfer besteht aus Hingabe. Wenn wir zu unserem Selbst gelangen, sind wir fähig, uns ganz dem Leben in allen Facetten hinzugeben. Wir geben uns Gott hin, weil wir ihm gehören. Indem wir nicht an unserem Ego festhalten, dringen wir zu unserem wahren Wesen vor, zu dem einmaligen Bild, das Gott sich von uns gemacht hat. Dann sind wir frei, mit Hingabe zu arbeiten und uns auch hingebungsvoll für andere Menschen einzusetzen.

Auch der Theologe Karl Rahner hat das Opfer in diesem Sinn verstanden. Er beschreibt es als »Gang in das Eigene«. Zum

Wesen des Menschen gehört es, dass er sich hingibt. Indem er das tut, kommt er zu sich selbst. So schreibt Rahner, dass der Mensch »zu sich kommt, wenn er sich in das unbegreifliche Geheimnis Gottes weggibt« (Rahner, 548). Allerdings ist diese Hingabe für uns oft schmerzlich, weil wir gerne an uns selbst festhalten, uns an unserem Ego festklammern – an unserem Ruf, unserem Besitz, an allem, was uns nach außen hin ausmacht.

Paulus ermahnt die Christen in Rom, ihre »Leiber als lebendiges, heiliges und Gott wohlgefälliges Opfer darzubringen – als euren geistigen Gottesdienst« (Römer 12,1). Im Griechischen steht hier das Wort *logike*, das meint den »vernünftigen« Gottesdienst. Das ist ein Begriff, der zur Zeit des heilige Paulus in der hellenistischen Welt durchaus üblich war. Man lehnte materielle Spenden ab und betrachtete das Lob Gottes als das wahre Opfer.

Paulus ergänzt diese Auffassung, indem er von den *somata* (Leibern) spricht, die wir als Opfer darbringen sollen. Mit »soma« meint Paulus das Mit- und Füreinander (vgl. Stuhlmacher, 169). Das heilige Opfer, das wir darbringen, bedeutet für Paulus also, im Alltag Gott mit Herz und Händen zu dienen, uns den alltäglichen Verpflichtungen und Arbeiten ganz hinzugeben. In dieser Hingabe werden wir frei vom Ego. Wir handeln aus unserer Mitte und gelangen zu unserem wahren Selbst.

Das Weizenkorn stirbt und bringt reiche Frucht

Das Johannesevangelium erzählt von Griechen, die Jesus sehen wollen. Jesus antwortet ihnen: »Die Stunde ist gekommen, dass der Menschensohn verherrlicht wird. Amen, amen, ich sage euch: Wenn das Weizenkorn nicht in die Erde fällt und stirbt, bleibt es allein; wenn es aber stirbt, bringt es reiche Frucht« (Johannes 12,23f). Es ist eine paradoxe Antwort.

Jesus reagiert zunächst auf die Sehnsucht der Griechen. Die größte Sehnsucht der Griechen ist, Gott zu schauen. Das griechische Wort *theos* für Gott kommt von *teasthai*, das bedeutet schauen. Jesus verspricht ihnen, dass sie seine Herrlichkeit, seine *doxa*, seine wahre Gestalt, schauen werden. *Doxa* meint nicht nur Schönheit, sondern auch die wahre und ursprüngliche Gestalt, die Gott jedem Menschen zugedacht hat. Das Bild, das Jesus den Griechen vor Augen hält, scheint der *doxa* zu widersprechen. Wenn das Weizenkorn in die Erde fällt, sieht man nichts mehr von ihm. Aber das Sterben des Weizenkorns ist die Voraussetzung dafür, dass es Frucht bringt. Jesus benutzt dieses Bild mit Blick auf seinen Tod.

Der anglikanische Geistliche und Jungianer John Sanford deutet es so: Indem Jesus »am Kreuz stirbt, werden große Kräfte freigesetzt, die sich in der spirituellen Welt ausbreiten. Man kann sagen, dass mit dem Tod der physischen Inkarnation des Christus der Kosmische Christus hervortritt, das neue Bewusstsein, das sich durch die Welt verbreitet und in den Seelen unzähliger Menschen Wurzeln schlägt« (Sanford, 103).

Doch man kann es auch als Bild für den Weg zum eigenen Selbst verstehen. Dann steht das Weizenkorn für das Ich. Wir brauchen das Ich, genauso wie wir das Weizenkorn als Samen brauchen. Aber das Ich ist nicht das Wichtigste. Entscheidender ist »die wahre Wirklichkeit der Seele, oder in psychologischer Sprache, der Ausdruck des Selbst. Die Bestimmung des Ich ist es, Bewusstsein zu erlangen und bereit sein zu sterben, wenn seine Zeit kommt« (Sanford, 104).

Sanford meint, wir können an der Wirkung eines Menschen auf andere erkennen, ob er von seinem Ich gesteuert ist oder aus seinem Selbst lebt und wirkt. »Wenn jemand ein neues Bewusstsein erreicht hat, sodass die Mitte der Persönlichkeit vom Ich auf das Selbst übergegangen ist, dann hat dieser Mensch eine unsichtbare, aber tiefe Wirkung auf andere Menschen« (Sanford, 104). Die Worte Jesu vom Weizenkorn können wir auch folgendermaßen verstehen: Wir sollen im Prozess der Menschwerdung lernen, das Ich als den bewussten Personkern und das Ego, also das Kreisen um sich und die eigenen Bedürfnisse, sterben zu lassen, es loszulassen, dann wird unser Leben aus dem Selbst heraus zum Segen für andere. Das können wir am Beispiel Jesu deutlich sehen.

Den Wunsch der Griechen, sie möchten Jesus sehen, können wir in der Sprache C. G. Jungs auch so deuten: Sie wollen das Geheimnis des Selbst sehen. Denn Jesus ist für Jung ein archetypisches Bild für das Selbst. Jesus zeigt ihnen, wie sie das Selbst sehen können. Einen Menschen, der frei geworden ist von der Herrschaft des Ego, das immer nur auf seine eigenen Bedürfnisse fokussiert ist, erkennen wir daran, dass er etwas ausstrahlt, das größer ist als er selbst. Aus seinem Innersten blüht etwas auf, was den Menschen guttut. Aber zu diesem Selbst kommen wir erst, wenn wir bereit sind, uns wie das Weizenkorn in die Erde fallen zu lassen, wenn wir uns auf das Erdhafte, Alltägliche unseres Lebens einlassen und darin immer freier werden von der Herrschaft des Ego.

Der verlorene Sohn findet sich selbst

Im Gleichnis vom verlorenen Sohn heißt es: »Da ging er in sich und sagte: Wie viele Tagelöhner meines Vaters haben Brot im Überfluss, ich aber komme hier vor Hunger um. Ich will aufbrechen und zu meinem Vater gehen« (Lukas 15,17f). Im Griechischen steht hier *eis heauto de elthon*, das kann man übersetzen mit »er kam zu sich« oder »er ging zu sich, zu seinem Selbst« beziehungsweise »in sich, in sein Selbst hinein«. Oder aber: Er kam in Kontakt mit seinem wahren Selbst.

Das griechische Wort, das Lukas hier benutzt, gehört zum religiösen und philosophischen Vokabular jener Zeit. Es ist eine Wendung, die auch der stoische Philosoph Epiktet verwendet. Er spricht vom *autos*, vom Selbst als einem geheiligten Bezirk, zu dem wir die äußeren Dinge nicht eindringen lassen dürfen. Das »Erkenne dich selbst« bedeutet für Epiktet, sein wahres Sein, sein *autos*, zu entdecken und einzugrenzen (vgl. Spanneut, RAC 5, 608). Das *autos* ist die unbezwingbare Festung im Inneren des Menschen, in der Freiheit, Frieden und Glückseligkeit herrschen.

Der verlorene Sohn im Gleichnis hatte sich selbst, seine Mitte verloren. Beherrscht von seiner Gier forderte er sein Erbteil und verschleuderte es in der Fremde. Aber er war nicht er selbst, er war nicht frei. Jetzt kommt er wieder zu sich, kommt zurück in seine eigene Mitte. Und dort erfährt er, wer er eigentlich ist: der Sohn seines Vaters. So geht er ihm entgegen. In den barmherzigen Armen des Vaters findet er sich als geliebter Sohn wieder. Indem er zu sich selbst findet, gewinnt er das wahre Leben.

In dieser Geschichte vom verlorenen Sohn wird deutlich, dass der Sohn nur in seine eigene Mitte zurückkehren kann, weil er sich vom Vater bedingungslos angenommen weiß. Das Vertrauen, dass der Vater ihn annimmt, hat er schon, als er am Nullpunkt angekommen ist. Es bringt ihn zurück auf den richtigen Weg. Als der Vater ihn dann umarmt, ohne ihm Vorwürfe zu machen, findet er endgültig zu seinem wahren Selbst.

Der Sohn erkennt, dass dieses wahre Selbst nicht verloren gehen kann, auch wenn er einen Umweg und Irrweg eingeschlagen hat. Für uns bedeutet das Gleichnis, dass Gottes bedingungslose Liebe zu uns die Voraussetzung dafür ist, dass wir in unsere Mitte finden und uns selbst lieben können.

Das Selbst und die Freude

Noch ein Bibelwort ist für das Verständnis des Selbst von Bedeutung. Im Hohepriesterlichen Gebet, mit dem Jesus seine Abschiedsrede beschließt, sagt Jesus: »Aber jetzt komme ich zu dir und rede dies noch in der Welt, damit sie meine Freude in Fülle in sich haben« (Johannes 17,13). Im Griechischen steht hier *pepleromenen en heautois*. Das könnte man übersetzen mit »Jesu Freude soll in ihrem Selbst vollendet, angereichert werden«. Jesu Worte sollen uns also in Berührung bringen mit der Freude, die schon in unserem wahren Selbst ist.

Oft sind wir abgeschnitten von unserem Selbst und von der Freude, die eigentlich eine Grundhaltung des Selbst ist. Dann tut es uns gut, die Worte Jesu zu hören und in uns aufzunehmen. Wir spüren wieder die Freude in uns. Das Wesentliche an dieser Aussage lautet: Die Grundstimmung des Selbst ist Freude. Es ist keine oberflächliche Freude, sondern eine Freude, die dem Innersten des Menschen entspringt und ausstrahlt auf die Menschen. Das bedeutet nicht, dass man dazu immer lächeln müsste. Es ist eine Freude, die man an den leuchtenden Augen erkennen kann oder an der ganzen Körperhaltung und Ausstrahlung eines Menschen. Von dieser Freude sagt uns Jesus: »Niemand nimmt euch eure Freude« (Johannes 16,22). Diese Freude ist tief in unserer Seele verankert und auch die Trauer um den Tod lieber Menschen kann sie nicht zerstören.

Kraftvolle Worte aus dem Sein

Ein weiterer Ausdruck in der Bibel ist für uns in der letzten Zeit wichtig geworden, um das wahre Selbst zu beschreiben. Es geht zwar nicht direkt um das Selbst, sondern um das Sein. Als Jesus seine erste Rede in Kafarnaum hält, sind die Menschen »außer sich vor Staunen über seine Lehre, denn er redete mit [göttlicher] Vollmacht« (Lukas 4,32). Im Griechischen heißt es hier *hoti en exousia en ho logos autou*, das bedeutet wörtlich übersetzt »denn aus dem Sein heraus war sein Wort, kam seine Rede«. Weil Jesus aus seinem innersten Sein, aus seinem Wesenskern, aus seinem Selbst heraus spricht, üben seine Worte eine starke Wirkung auf die Menschen aus. Da ist zum einen das Staunen der Zuhörerschaft. Zum anderen beginnt ein Mann, der von einem unreinen Geist besessen ist, laut zu schreien. Jesus hat aus dem Sein heraus gesprochen, sodass Gott selbst in seinem Wort hörbar, erfahrbar wurde. Das verleiht seiner Rede so große Kraft, dass sie den unreinen Geist aus dem Mann hervorlockt. Man könnte den unreinen Geist so verstehen, dass der Mann ein falsches Gottesbild in sich trug. Vielleicht hat er Gott für sich benutzt als einen, der seine Wünsche erfüllen soll. Vielleicht hat er zu diesem Gott gebetet, um sich über andere Menschen zu stellen. Doch Jesus spricht so, dass Gottes Wirklichkeit erfahrbar wird. Diese Wirklichkeit stimmt nicht überein mit der Vorstellung, die der Mann von Gott hatte. Jesu Wort bewirkt, dass der Dämon, das falsche Bild, den Mann zu Boden wirft und ihn verlässt, ohne ihn zu verletzen. »Da waren alle erschrocken und einer fragte den andern: Was ist das für ein Wort? Mit Vollmacht [exousia] und Kraft [dynamis] befiehlt er den unreinen Geistern und sie fliehen« (Lukas 4,36).

Unsere Worte haben nicht die Kraft Jesu. Aber Lukas will uns in dieser Erzählung aufzeigen, dass auch von uns eine Kraft ausgeht, wenn wir aus dem wahren Selbst, aus dem Sein heraus sprechen. Wenn wir so sprechen, dass die Wirklichkeit erfahrbar wird. Ohne Nebenabsichten, ohne das Streben, ein gutes Bild abzugeben, uns selbst in den Mittelpunkt zu stellen oder über andere zu urteilen. Das Selbst ist frei von diesen egoistischen Zügen, die unser Reden oft trüben und verfälschen. Wir reden gern über andere, auch über Gott, aber wir sprechen nicht so, dass die Wahrheit aufleuchtet oder Gott erfahrbar wird. Wenn wir aus dem Sein heraus sprechen und handeln, spüren wir in uns eine starke Energiequelle. Wir haben teil am Sein Gottes, an der Kraft und Energie Gottes.

Leben aus dem Selbst statt Gesetzestreue

Paulus versteht die christliche Taufe so, dass wir mit Christus sterben, um mit ihm als neue Menschen zu leben, oder wie es im Griechischen heißt: »in der Wirklichkeit des neuen Lebens wandeln« (Römer 6,4). Diese Wirklichkeit bedeutet ein Leben aus dem wahren Selbst. In der Taufe ist unsere alte Identität, die sich vom Ego her definiert hat, gestorben und wurde begraben, damit wir mit Christus als neue Menschen auferstehen. Die Wirklichkeit des neuen Lebens bedeutet, dass die Sünde keine Macht mehr über uns hat. Sünde bedeutet ja, das Ziel verfehlen, sich selbst verfehlen, an sich und seiner Wahrheit vorbeileben. Wenn wir mit unserem wahren Selbst in Berührung sind, dann sind wir frei von dieser Gefahr.

Im 7. Kapitel des Römerbriefs schreibt Paulus, dass wir »durch das Sterben Christi tot für das Gesetz« sind (Römer 7,4). Im Griechischen steht hier: »Ihr seid gestorben dem Gesetz durch den Leib des Christus.« Jesu Tod ist ein Bild für uns. Unsere alte Identität stirbt, damit wir zu unserem wahren Selbst gelangen. Wenn wir aus dem Selbst leben, sind wir frei vom Gesetz. Das bedeutet nicht, dass wir gegen die Gesetze Gottes – etwa gegen die Zehn Gebote – leben. Vielmehr meint Paulus mit diesen Worten, dass wir Gottes Wohlwollen nicht durch das strikte Befolgen von Gesetzen erreichen. Wichtig ist, dass wir aus unserem wahren Selbst leben. Dann leben wir von selbst nach dem Sinn der Gesetze, ohne auf einzelne Vorschriften fixiert zu sein. Wir handeln aus unserem Selbst automatisch richtig. Augustinus hat das so ausgedrückt: »Liebe und tu, was du willst. – Ama et fac quod vis.« Wenn wir mit der Quelle der Liebe auf dem

Grund unserer Seele in Berührung sind, handeln wir richtig – im Sinn Gottes und im Geist Jesu.

Wovor Paulus uns hier warnt, ist das Fixiertsein auf Vorschriften. Es gibt Menschen, die sich ganz genau an alle Vorschriften halten und meinen, sie würden im Geist Jesu leben. Jesus selbst zeigt uns den Sinn der Gebote. Wir sollen so leben, wie Gott es gemeint hat, als er uns Menschen die Gebote gab, die Weisungen, wie unser Leben gelingen kann. C. G. Jung ist der Meinung, vorschriftsmäßiges Verhalten sei ein großer Feind der Verwandlung. Wenn ich meine Aufmerksamkeit nur darauf verwende, alle Vorschriften der Kirche oder der geistlichen Tradition zu befolgen, bleibe ich innerlich stehen, ich erstarre. Das Ziel der Verwandlung ist, immer mehr ich selbst zu werden.

Ein anderer Feind der Verwandlung ist für Jung ein erfolgreiches Leben. Wenn ich nach außen scheinbar alles richtig mache und Erfolg habe, besteht die Gefahr, dass ich mich auf dem Erfolg ausruhe. Aber ich bin nie ganz in meinem wahren Selbst und nicht bereit, mich auf den Weg der Verwandlung einzulassen. Der Weg zu diesem Selbst ist ein Weg, den ich mein Leben lang bis zum Tod zu gehen habe.

Dass wir Gottes Liebe nicht mit dem Befolgen aller Gesetze erkämpfen müssen, sondern bedingungslos von Gott geliebt sind, wird in der Theologie als Rechtfertigungslehre allein aus dem Glauben entfaltet. Diese Lehre klingt für uns oft sehr abstrakt, weil wir sie zu sehr vom rechtlichen Denken her verstehen. Wir sollten sie lieber psychologisch auslegen, dann steht sie für die Gewissheit, in unserer Unvollkommenheit von Gott geliebt zu sein. Das befreit uns von den Schuldgefühlen, die uns lähmen, und vom Perfektionismus, zu dem uns das Ego antreibt. Wir können uns trotz aller Fehler und Mängel wertvoll fühlen, weil Gott uns liebt und wertschätzt.

Licht ins Unbewusste bringen

Zu unserem Menschsein gehört Bewusstes und Unbewusstes. C. G. Jung hat einen Weg aufgezeigt, das Unbewusste in uns zu erkennen. Unsere Ganzwerdung als Mensch erfordert, dass wir das Unbewusste aufdecken und es integrieren. Denn alles, was wir ins Unbewusste, in unseren Schatten verdrängt haben, kann sich negativ auf uns auswirken – wie ein Ballast, der uns das Leben schwermacht. Wir können dem Unbewussten in uns auf die Spur kommen, wenn wir unsere Reaktionen auf andere Menschen aufmerksam beobachten und analysieren. Wir reagieren immer dann übertrieben empfindlich, wenn eine Seite in uns angesprochen wird, die wir verdrängt haben. Ein anderer Weg, das Unbewusste in uns zu erkennen, sind die Träume. Verfolgungsszenarien sind meist ein Hinweis auf Schatten. Was wir von unserem Bewusstsein ausgeschlossen haben, verfolgt uns im Schlaf. Wenn wir das Unbewusste in uns erkannt haben, können wir es integrieren. So dringen wir zu unserem wahren Selbst vor.

Im Epheserbrief zeigt Paulus einen spirituellen Weg auf, wie wir das Unbewusste in uns erkennen und integrieren können: »Alles, was aufgedeckt ist, wird vom Licht erleuchtet. Denn alles Erleuchtete ist Licht« (Epheser 5,13f). Das bedeutet konkret, dass wir Christus, das wahre Licht, in die Tiefen unseres Unbewussten hinabsteigen lassen und gemeinsam mit ihm alles aufdecken, was wir dorthin verdrängt haben. Mit Christus gelangen wir durch die Abgründe unseres Unbewussten zu unserem wahren Selbst, und dieses Selbst wird dann selbst zum Licht. Es leuchtet.

Was der Epheserbrief hier beschreibt, entspricht der Erfahrung, die Evagrius Ponticus und vor ihm Basilius und Gregor von Nyssa beim Gebet gemacht haben. Evagrius schreibt vom Gebet, in dem alles von Christus aufgedeckt und in Licht verwandelt wird: »Wenn ein Mensch den alten Menschen abgelegt und den neuen Menschen angezogen hat, der eine Schöpfung der Liebe ist, dann wird er zur Stunde des Gebetes erkennen, wie sein Zustand einem Saphir gleicht, der klar und hell wie der Himmel leuchtet« (Evagrius, PG 40, 1220A).

Was Evagrius hier beschreibt, entspricht der Erfahrung, die auch wir machen: Es gibt Menschen, die eine helle, freundliche, charismatische Ausstrahlung haben, von denen Licht ausgeht. Das Licht Christi hat ihre Schatten ausgeleuchtet und nun sind sie als Mensch selbst Licht geworden. Je mehr wir in Berührung sind mit unserem wahren Selbst, desto heller und liebevoller wird unsere Ausstrahlung.

Der Weg zum Selbst im Lauf des Lebens

Selbstwerdung ist eine Lebensaufgabe. Die Entwicklung vom Ich zum Selbst verläuft in vielen kleinen Schritten. Jeder Lebensabschnitt hält neue Aufgaben für uns bereit. Sie sehen in der Kindheit und Jugend anders aus als in der Lebensmitte und im Alter. C. G. Jung vergleicht den Lebenszyklus mit dem Lauf eines Tages. Die erste Lebenshälfte steht für den Vormittag. Auf den höchsten Stand der Sonne am Mittag folgt der Nachmittag, die Zeit der Lebensmitte. Am Lebensabend, im Alter, schwinden die äußeren Kräfte, gleichzeitig findet eine Konzentration auf das Wesentliche statt und das ebnet den Weg dafür, mit dem wahren Selbst in Berührung zu kommen.

Kindheit, Jugend und Adoleszenz: Das eigene Ich entdecken und entfalten

Nach C. G. Jung geht es in der Kindheit darum, dass das Kind, das noch ganz im Unbewussten lebt, mehr und mehr aus dem Unbewussten auftaucht und ein bewusstes Ich ausbildet. Das Ich ist der bewusste Personkern – im Unterschied zum Selbst, das den innersten Kern beschreibt, der Bewusstes und Unbewusstes umfasst. Die Entwicklungspsychologie weiß, dass ein

Kind am Anfang immer in der dritten Person von sich spricht: »Mona hat Hunger, Mona will spielen.« Erst allmählich spürt es seine eigene Identität und lernt, »ich« zu sagen.

Nach der Entdeckung des Ich in der Kindheit gilt es in der Jugend dann, das Ich zu stärken und einen festen Stand in der Welt zu finden. Das geschieht, indem sich Jugendliche an anderen reiben, sich Konflikten stellen und lernen, sich gegenüber anderen Menschen durchzusetzen. Diese Auseinandersetzung ist nötig. In dieser Phase brauchen Jugendliche die Tugend der Tapferkeit. Sie kämpfen für das Leben, auch mit dem Risiko, dabei verletzt zu werden.

Heute bleiben manche Jugendliche lieber in der Zuschauerrolle und verweigern den Kampf. Sie wollen nicht verletzt werden. Aber so verweigern sie letztlich das Erwachsenwerden. Diese Aufgabe, das eigene Ich zu stärken, verläuft auch bei Jugendlichen in verschiedenen Phasen. In der Pubertät lernen sie, sich von den Eltern abzugrenzen und ihr eigenes Ich zu finden. Gleichzeitig machen sie gerade im Umgang mit Geschwistern und Gleichaltrigen in der Schule die Erfahrung, dass sich nicht alle Wünsche durchsetzen lassen. Sie müssen auch lernen, selbst etwas zu geben und das Ich nicht absolut zu setzen. Das würde zu Narzissmus führen und letztlich zum Versäumen des eigenen Lebens. Vor lauter Illusionen, die sie sich vom Leben machen, würden sie sich weigern, sich mit der Realität, die nicht immer so ideal ist, auseinanderzusetzen und in dieser Welt ihren Stand zu finden.

Die Identitätsfindung erfährt oft eine Krise in der Adoleszenz, vor allem wenn junge Menschen nach der Schule entweder zur Ausbildung oder zum Studium das Elternhaus verlassen. Ihre

Rolle in der Familie war ihnen klar. Doch jetzt wissen sie nicht, wer sie eigentlich sind. Das führt oft zu depressiven Verstimmungen. Sie sind eine Herausforderung, das eigene Ich und die eigene Identität zu finden. Wenn das gelingt, dann entwickeln junge Erwachsene oft eine große Kraft, um im Beruf erfolgreich zu sein und ihr Leben zu meistern. Vielleicht gründen sie eine Familie oder übernehmen auf andere Weise Verantwortung. Wenn sie Vater oder Mutter werden, bereichert das ihr Ich auf neue Weise. Zugleich spüren sie gerade in der Familie und im Beruf, dass sie ihr Ich immer wieder auch zurücknehmen müssen, damit das Miteinander gelingt. So kommen junge Menschen auch in dieser Phase bereits mit ihrem wahren Selbst jenseits des eigenen Ich in Berührung.

In der Lebensmitte: Den Weg nach innen finden

Für Jung ist die Lebensmitte der Wendepunkt, an dem die Entfaltung des Ich sich wandeln muss zur Ausreifung des Selbst. Er setzt die Lebensmitte zwischen 35 und 45 Jahren an, heute würden wir sie eher fünf Jahre später verorten, etwa zwischen 40 und 50 Jahren. Kindheit, Jugend und frühes Erwachsenenalter haben die erste Lebenshälfte, den Vormittag unseres Lebens gebildet. Die Lebensmitte steht als Nachmittag für die Zeit nach dem Höhepunkt des Tages. Der Nachmittag ist genauso wichtig wie der Vormittag, doch er folgt anderen Gesetzen. Statt Expansion ist nun die Reduktion auf das Wesentliche gefragt, der Weg nach innen, der Weg vom Ich zum Selbst. »Was die Jugend außen fand und finden sollte, soll der Mensch des Nachmittags innen finden« (Jung, GW 7,81). In der Lebensmitte besteht die Herausforderung darin, das Ego loszulassen. Wenn jemand in der Lebensmitte sich immer nur um sein Ego dreht, sich ständig selbst darstellen will, wirkt das peinlich auf andere Menschen. Wer nur um sich selbst kreist, erfährt letztlich Ablehnung von seiner Umgebung. Für den Weg nach innen sieht C. G. Jung vier Aufgaben:

1. Die Persona relativieren

Die Persona, also unsere Rolle in Familie, Beruf und Gesellschaft, unsere nach außen gezeigte Identität, hat uns Sicherheit gegeben. Aber wenn wir uns hinter ihr verstecken, bleiben wir auch in unserer Entwicklung stecken. Wir sind dann nur die Rolle, die wir spielen. Aber dahinter ist keine Person zu spüren, kein Ich, kein Selbst.

2. Den Schatten annehmen

In der Lebensmitte meldet sich der Schatten zu Wort. Alles, was wir verdrängt haben, taucht in uns wieder auf, entweder in Träumen oder in emotionalen Ausbrüchen. Es braucht Demut, die eigenen Schattenseiten anzusehen und sie in das Selbstbild zu integrieren.

3. Die Integration von Anima und Animus

Jeder Mensch trägt unbewusst männliche und weibliche Eigenschaften in sich. Der Mann soll seine verdrängten weiblichen Seelenanteile, die Anima, integrieren und die Frau den Animus, ihre männlichen Aspekte. Gelingt das nicht, entstehen Projektionen und Verwirrungen im Außen. Ohne Integration bleibt es beim ständigen Entwerten des anderen Geschlechts oder bei unnötigen Kämpfen zwischen den Geschlechtern.

4. Das Sterben annehmen und Gott begegnen

Das Selbst entfaltet sich auch, indem wir unsere Endlichkeit akzeptieren. Ab der Lebensmitte hat unsere Lebenskurve den Höhepunkt überschritten und geht wieder nach unten. Jung meint: »Von der Lebensmitte an bleibt nur der lebendig, der mit dem Leben sterben will« (Jung, GW 8, 466). Er hat die Erfahrung gemacht, dass oft Menschen, die sich in der ersten Lebenshälfte geweigert haben, zu kämpfen und ihr Ich zu stärken, nun in der zweiten Lebenshälfte das Sterben verdrängen. Sie spüren, dass sie noch nie richtig gelebt haben, und ungelebtes Leben kann man nicht gut loslassen.

Im Alter: Rollen loslassen, das Selbst entfalten

Was von der Annahme des Todes ab der Lebensmitte gilt, das bekommt im Alter nochmals eine neue Bedeutung. Doch im Alter tritt auch die Entfaltung des Selbst in eine neue Phase. Jetzt ist gefragt, alle Reste der Persona loszulassen, also die Stellung im Beruf, die Bedeutung in der Gesellschaft, die Rolle im Verein oder im Bekanntenkreis. Wenn all das wegfällt, bleibt es nur noch, diese einmalige Person zu sein, das wahre Selbst zu leben, ohne Ehrgeiz und ohne nach außen imponieren zu wollen.

Im Alter müssen wir uns auf neue Weise mit dem Sterben auseinandersetzen. Unsere alte Identität stirbt und mit ihr alles, was das Selbst verdunkelt hat. Jetzt tritt das reine Selbst hervor. Im Tod sterben wir in die einmalige, unverfälschte, unberührte und ursprüngliche Gestalt hinein, als die uns Gott gewollt hat.

Was im Sterben geschieht, ist aber auch ein Bild für das, was sich vorher schon in unserem Leben vollzieht: Das Ego stirbt, damit das Selbst geboren wird. Allerdings dürfen wir das Sterben des Ego nicht absolut nehmen. Es ist ein Bild dafür, dass wir das Ego immer wieder loslassen und relativieren. Aber wir können es nicht töten. Manche spirituelle Menschen behaupten von sich, sie hätten ihr Ego getötet und lebten nur noch das reine Selbst. Doch es ist gefährlich, so etwas zu behaupten. Oft steckt hinter solchen Worten auch eine Arroganz, in der sich das Ego, das man für überwunden erklärt, in Wirklichkeit aufbläht.

Es geht nicht darum, das Ego zu töten, sondern es zu relativieren, es immer wieder loszulassen, wenn es sich bemerkbar macht. Auch im Alter ist das Ego noch aktiv: Wenn wir, die Autoren dieses Buches, einen Vortrag halten, wollen wir ja, dass er bei den Menschen Beifall findet und ihre Herzen berührt. Das ist der Wunsch des Ego. Es treibt uns an, den Vortrag gut vorzubereiten. Aber wenn wir den Vortrag halten, sagen wir uns: Es dreht sich hier nicht um mich und darum, dass ich gut ankomme bei den Menschen, sondern darum, dass die Menschen in unseren Worten Nahrung finden, dass sie in ihrem Herzen berührt werden.

Das Ego loslassen bedeutet aber nicht, dass wir im Alter nichts Neues ausprobieren sollen. Wenn wir mit unserem wahren Selbst in Berührung sind, dann erleben wir auch jetzt noch eine Offenheit für die Bedürfnisse der Menschen um uns herum. Wir haben Lust, unser Leben in Solidarität mit anderen Menschen zu gestalten und Träume zu verwirklichen, denen wir während unseres beruflichen Engagements keinen Raum geben konnten. Im Alter geht es darum, auf der einen Seite die eigenen Grenzen zu erkennen, die eigene Verletzlichkeit zu akzeptieren, aber zugleich auch die Möglichkeiten zu entfalten, die wir in uns entdecken, wenn wir mit dem wahren Selbst in Berührung sind. Der Gerontologe Andreas Kruse spricht von diesem Potenzial, das in weisen alten Menschen steckt: »Mit Blick auf das gesellschaftliche Engagement kann konstatiert werden, dass viele alte Menschen in diesem Engagement eine bedeutende Form der (sozialen, kulturellen und politischen) Teilhabe wie auch des persönlichen Einsatzes für das Gemeinwohl und (im weiteren Sinne) für die Demokratie erblicken« (Kruse, 17).

Das Selbst als inneres Heiligtum

In allen Lebensphasen ist es unsere Aufgabe, uns den Herausforderungen und Bedrängnissen von außen zu stellen, etwa wenn wir krank werden, einen Unfall erleiden oder etwas anderes unsere Lebenspläne durchkreuzt. Wir sollen den Problemen des Alltags nicht ausweichen, sondern uns mit ihnen auseinandersetzen. Gleichzeitig ist es wichtig, darum zu wissen, dass all die Probleme, die von außen auf uns einstürmen, keinen Zutritt haben zu unserem inneren Heiligtum, zu dem inneren Raum, der dem Selbst in uns vorbehalten ist.

Die stoische Philosophie sagt, es ist unsere Aufgabe, die innere Festung zu bewachen, damit die Bedrängnisse von außen keinen Zutritt haben. Das wird uns nicht immer gelingen. Aber es gehört zu unserer Selbstwerdung, in jeder Situation unseres Lebens darauf zu vertrauen, dass unangefochten von all den Bedrängnissen und Bedrohungen von außen dieser unverletzliche, heilige Raum in uns ist, in dem wir ganz wir selbst sind. Dort sind wir frei von dem Druck, uns beweisen oder etwas darstellen zu müssen. Wir sind einfach da, ohne uns rechtfertigen oder etwas vorweisen zu müssen. In diesem heiligen Raum auf dem Grund unserer Seele sind wir frei von Schuldgefühlen und Selbstvorwürfen. Da sind wir ganz im Einklang mit uns selbst.

Das Selbst und die Liebe

Jesus beantwortet die Frage nach dem wichtigsten Gebot so: »Du sollst den Herrn, deinen Gott, lieben mit ganzem Herzen, mit ganzer Seele und mit deinem ganzen Denken. Das ist das wichtigste und erste Gebot. Ebenso wichtig ist das zweite: Du sollst deinen Nächsten lieben wie dich selbst« (Matthäus 22,37f).

Die Psychologin Ursula Nuber meint, früher hätte man den Akzent ausschließlich auf die Nächstenliebe gelegt. Viele Menschen hätten sich damit überfordert und seien im Alter bitter geworden. Sie hatten das Gefühl: Ich habe nur für andere gelebt, aber nie auf mich selbst geschaut. Es gibt Menschen, die das sogar als spirituelles Ideal ansehen. Doch wenn ich nur für andere da bin, gerät die Seite meiner eigenen Bedürftigkeit in den Schatten. Ich merke dann gar nicht, dass ich nicht aus reiner Liebe für die anderen sorge, sondern weil ich selbst etwas brauche. In meiner vermeintlichen Nächstenliebe lebe ich meine eigene Bedürftigkeit nach Anerkennung, Zuwendung und Erfolg aus.

Ein Therapeut im Team unseres Recollectio-Hauses sagte immer: »Wer viel gibt, der braucht auch viel.« Wer sich selbst zu wenig liebt, braucht viel Anerkennung und erwirbt sie sich durch die Sorge für andere, die im Gewand der Nächstenliebe daherkommt. Doch wenn ein Mensch gibt, weil er viel braucht, verausgabt er sich und bekommt doch nie das, was er sich ersehnt. Echte Nächstenliebe strömt aus der inneren Quelle von Liebe, die in uns ist. Wenn wir daraus schöpfen, sind wir nicht so schnell erschöpft.

Ursula Nuber ist der Meinung, heute sei das Pendel umgeschlagen. Heute kreisen viele nur um Selbstliebe, ohne an andere zu denken. Doch das macht sie nicht zufrieden, im Gegenteil, es führt in eine Egoismusfalle. Unter diesem Titel hat sie ein Buch geschrieben, in dem sie der Frage nachgeht, warum Selbstverwirklichung so oft einsam macht (vgl. Nuber 1997). Sie schreibt darin, dass Menschen, die nur darauf aus sind, die eigenen Bedürfnisse zu erfüllen, sich oft plötzlich einsam und isoliert fühlen. Das Leben strömt nicht mehr, sie fühlen sich nicht mehr verbunden. Das Strömen zwischen uns und anderen gehört wesentlich zum Gelingen des Lebens. Wenn es stockt, fühlt man sich leer und das Leben wird bedeutungslos und sinnlos.

Selbstliebe und Selbstfürsorge

Viele Christinnen und Christen tun sich schwer mit der Selbstliebe. Sie wittern dahinter gleich Egoismus. Michael Tischinger hat als Chefarzt einer psychosomatischen Klinik festgestellt, dass viele der Patienten von sich sagen: »Ich bin mir selbst fremd geworden. Ich kenne meine wirklichen Bedürfnisse nicht mehr. Ich nehme meine Gefühle nicht mehr wahr. Ich spüre mich selbst gar nicht. Ehrlich gesagt, ich bin mit mir selbst nicht gut umgegangen, oder ich habe es zugelassen, dass andere mich nicht gut behandelt haben« (Tischinger, 12). Hinter all diesen Aussagen steckt letztlich die Einsicht: Ich habe mich selbst nicht geliebt, oder: Ich muss gestehen, dass ich mit mir selbst nicht liebevoll, sondern sehr hart und sehr verurteilend umgehe.

Manche Menschen fürchten, sich in der Selbstliebe nur um sich selbst zu drehen. Doch das Gegenteil ist wahr: »Wer sich selbst nicht lieben kann, wird es zudem schwer haben, andere zu lieben. Wer sich selbst nicht mit Mitgefühl begegnet, kann auch kein wirkliches Mitgefühl für andere haben« (Tischinger, 13). Sich selbst zu lieben bedeutet ja, liebevoll auf sich selbst und seine Bedürfnisse zu schauen, sich selbst nicht zu verurteilen, sich so anzunehmen, wie man ist. Nur wenn ich gut mit mir selbst umgehe, werde ich auch gut mit meinen Mitmenschen umgehen. Ansonsten spüren die Menschen, dass ich sie für mich und meinen eigenen Selbstwert brauche, dass ich meine eigenen Bedürfnisse an ihnen auslebe. Dann fühlen sie sich von mir nicht geliebt, sondern benutzt.

Tischinger definiert Selbstliebe so: »Selbstliebe ist zunächst eine Haltung, die wir uns selbst entgegenbringen. Sie besteht aus einem achtsamen, offenen, freundlichen und fürsorglichen Umgang mit uns selbst« (Tischinger, 15). Selbstliebe bedeutet, dass ich liebevoll auf mich schaue, auf meinen Leib, meine Gesundheit und mein körperliches Wohlbefinden. Und dass ich eine gute Beziehung habe zu meinem Inneren, zu meiner Seele, dass ich mich für meine Seele interessiere und mich selbst kennenlerne. Aber die Selbsterkenntnis braucht immer einen liebevollen Blick auf mich, und kein hartes Analysieren, was für Fehler und Schattenseiten ich habe.

Der liebevolle Blick bedeutet: Alles an mir darf sein. Ich suche einen Weg, so mit mir umzugehen, dass ich im Einklang bin mit mir selbst.

Peter Schellenbaum, der jahrelang das C. G. Jung-Institut geleitet hat, spricht von der Selbstliebe als einem liebevollen Spüren seiner selbst: »Ein Mensch ist erst dann in der Lage, einen anderen zu lieben, wenn er selber ein spürender Mensch ist, wenn er sich körperlich-seelisch-geistig spürt ... Dieses leibliche Spüren ist nie isoliert in der einzelnen Persönlichkeit, sondern es ist gleichzeitig und in gleichem Akt auch ein Spüren des Gegenübers, der Umwelt und der Mitwelt« (Schellenbaum, Ja aus Liebe, 16). Sich selbst lieben heißt also, sich spüren, seinen Leib spüren. In diesem Spüren ist immer Zärtlichkeit und Liebe. Es ist nie wertend, sondern immer voller Anteilnahme.

Manche Menschen können die Liebe, die andere ihnen entgegenbringen, gar nicht annehmen. Weil sie sich selbst nicht annehmen und sich selbst nicht lieben, können sie auch die Liebe von anderen nicht wirklich an sich heranlassen. Und sie sind auch unfähig, anderen Menschen mit einem liebevollen Blick zu begegnen. Sie wollen ihre Nächsten lieben, weil Jesus uns das geboten hat. Aber wenn ich Nächstenliebe nur als moralisches Gebot sehe, wird sie nicht aus mir herausfließen. Ich verordne sie mir, zwinge mir sie mit meinem Willen auf – oder ich versuche, durch vermeintlich selbstloses Handeln mein schlechtes Gewissen zu beruhigen.

Der Psychoanalytiker Erich Fromm unterscheidet Selbstliebe von Selbstsucht und sagt, egozentrierte Menschen seien grundsätzlich unfähig zu lieben: »Der Selbstsüchtige interessiert sich nur für sich selbst, er will alles für sich, er hat keine Freude am Geben, sondern nur am Nehmen. Die Außenwelt interessiert ihn nur insofern, als er etwas für sich herausholen kann« (Fromm, 72). Fromm meint, Selbstsucht sei immer ein Zeichen dafür, dass man sich selbst nicht lieben kann, sondern sich im

Grunde selbst hasst. Wenn jemand sich nicht lieben kann, entsteht in ihm »ein Gefühl der Leere und Enttäuschung«. Der Selbstsüchtige »kann deshalb nur unglücklich und eifrig darauf bedacht sein, dem Leben die Befriedigung gewaltsam zu entreißen, die er sich selbst verbaut hat«. Sein egoistisches Kreisen um sich selbst sei nur ein vergeblicher »Versuch, zu vertuschen und zu kompensieren, dass es ihm nicht gelingt, sein wahres Selbst zu lieben« (Fromm, 73).

Am Schluss seiner Gedanken über die Selbstliebe zitiert Erich Fromm den christlichen Mystiker Meister Eckhart (aus dessen Predigt »Qui audit me«), weil seiner Meinung nach niemand sonst die Selbstliebe besser beschrieben hat: »Hast du dich selbst lieb, so hast du alle Menschen lieb wie dich selbst. Solange du einen einzigen Menschen weniger lieb hast als dich selbst, so hast du dich selbst nie wahrhaft lieb gewonnen«. Für Meister Eckhart gehören also Selbstliebe und Nächstenliebe wesentlich zusammen.

Selbstliebe und Nächstenliebe

Selbstliebe bedeutet nicht, dass ich nur auf mich sehe. Der liebevolle Blick auf mich selbst führt vielmehr dazu, dass ich auch liebevoll auf andere Menschen schaue. Manche Menschen verstehen Nächstenliebe wie ein Gebot, das ihnen Gott von oben verordnet hat. In Wirklichkeit ist Nächstenliebe jedoch eine innere Notwendigkeit. Der Mensch verfehlt sich, wenn er sich nur um sich selbst dreht.

Die Verbindung zu anderen Menschen gehört wesentlich zu unserem Menschsein. Daher bedeutet Selbstliebe immer auch, mich in meiner Beziehung zu anderen zu sehen. Sie öffnet mir den Blick für die Not der anderen. Weil ich mich selbst liebevoll kennengelernt habe, kann ich auch meinen Nächsten besser verstehen. Ich analysiere ihn aber nicht und konzentriere mich nicht in erster Linie auf seine Fehler. Vielmehr wende ich den gleichen liebevollen Blick, den ich auf mich richte, auch auf ihn. Ich liebe ihn nicht, weil ich muss oder weil eine moralische Instanz es mir befiehlt. Ich liebe ihn, weil das zu meinem Menschsein gehört.

Wenn ich mich selbst kennenlerne, lerne ich mich auch in meiner Bezogenheit auf andere Menschen kennen. Ich bin geworden durch meine Eltern, durch die Begegnung mit vielen Menschen, gerade auch durch Menschen, die mich geliebt haben. Und ich werde mich nur weiterentwickeln und wirklich im Leben verwurzelt sein, wenn ich die Menschen in meiner Umgebung liebe.

Viele meinen, Nächstenliebe sei anstrengend. Natürlich kann zum Beispiel ein sozialer oder pflegerischer Beruf viel Kraft kosten. Aber Nächstenliebe ist auch eine Kraftquelle. Bei Kursen für Führungskräfte erfahren wir immer wieder, dass Menschen in Leitungspositionen, die ihre Teammitglieder lieben, mehr Energie haben. Wenn ich meine Mitarbeitenden liebe, gehe ich morgens gerne in die Arbeit. Wenn sie mir jedoch eher eine Last sind, spüre ich einen inneren Widerstand und die Begegnung mit ihnen raubt mir meine Energie. Wenn ich sie liebe, fällt mir die Arbeit leichter. Ich spüre mehr Kraft in mir und bin nicht so leicht erschöpft. Liebe heißt nicht, dass ich mich für die anderen verausgabe, denn ich kann sie nur lieben, wenn ich auch behutsam und liebevoll mit mir selbst umgehe.

Es gibt Menschen, die sich ihr Leben lang für andere oder für ein Ehrenamt aufgeopfert haben, die in ihrer Nächstenliebe aufgegangen sind. Die einen sind im Alter immer noch voller Liebe zu den Menschen. Sie strahlen weiterhin Güte und Liebe aus. Die anderen sind jedoch verbittert. Sie haben das Gefühl, ständig nur für andere dagewesen zu sein. Doch jetzt im Alter fühlen sie sich allein. Sie haben das Gefühl, ausgenutzt worden zu sein, nicht selbst gelebt zu haben.

Woher kommt dieser Unterschied? Die Menschen, die auch im Alter voller Liebe sind, haben ihre Nächsten wirklich geliebt – und sie sind immer auch liebevoll mit sich selbst umgegangen. Sie haben ihre Bedürfnisse nicht auf die Menschen projiziert, für die sie da waren, sondern haben sie aus ihrer inneren Quelle heraus geliebt. Sie haben in sich eine Quelle göttlicher Liebe gespürt, die ihr Gefäß stetig mit neuer Kraft befüllt hat. Daher konnten sie für die Menschen da sein, ohne sich dabei zu verausgaben. Und sie sind auch liebevoll mit sich selbst umgegangen. Die anderen haben ihre Nächstenliebe dagegen als Pflicht gesehen, die sie erfüllen mussten, entweder als Pflicht ihren Angehörigen oder Mitmenschen gegenüber oder aber auch als Verpflichtung, die ihnen ihr Glaube auferlegt hat. Die Nächstenliebe ist nicht aus ihrer Mitte geströmt, sondern sie haben sie sich von außen her verordnet. Während sie ihre eigene Bedürftigkeit nicht wirklich wahrgenommen haben, war ihre Arbeit nicht von einem liebevollen Umgang geprägt, sondern von Härte sich selbst und den Menschen gegenüber.

Dass Selbstliebe und Nächstenliebe zusammengehören, hat auch der Psychotherapeut Peter Schellenbaum, der die Jung'sche Psychologie mit christlicher Mystik verbindet, immer wieder beschrieben. Er sagt, nur wenn wir die Liebe in uns spüren, können wir auch unsere Nächsten lieben, ohne uns zu verausgaben: »Liebe ist unteilbar. Wer sich selbst von ihr ausschließt, verliert sie ganz und gar« (Schellenbaum, Die Wunde der Ungeliebten, 159).

Doch Menschen, die eine Nächstenliebe praktizieren, bei der sie sich selbst aufgeben, »schießen über das Ziel hinaus, weil sie sich unbewusst von der Bedrückung eines Daseins ohne wirkliche Selbstliebe befreien wollen« (Schellenbaum, Die Wunde der Ungeliebten, 158). Wer die Nächstenliebe nur als äußeres Gebot sieht und seine Nächsten nicht aus der Liebe heraus liebt, die in ihm ist, in dem »entstehen im Unbewussten ohnmächtige Gefühle der Wut und Zerstörung. Deshalb werden die Spezialisten der Nächstenliebe von Rivalität, Machtgier und Intoleranz zerfressen. Wer dagegen sein Gleichgewicht behält und in seiner Mitte ruht, kann heiter kämpfen und heiter lieben« (Schellenbaum, Die Wunde der Ungeliebten, 159).

Auch Schellenbaum geht davon aus, dass wir eine unerschöpfliche Liebe in uns selbst finden. Er betrachtet es als eine mystische Erfahrung, dass wir in uns eine göttliche Quelle der Liebe haben. Den Menschen, der diese Liebe in sich spürt, beschreibt er so: »Die Liebe aus Schwäche und Verzweiflung hat er hinter sich gelassen. Er findet in sich eine Liebe vor, die Liebesferne und Ungeliebtsein umfasst, eine Liebe, die Einsamkeit einbezieht, nüchtern und glühend zugleich, eine Liebe, die nichts Bestimmtes will und deshalb verfügbar und offen ist, eine Liebe, die Liebeswunden heilt, indem sie auch diese liebt« (Schellenbaum, Die Wunde der Ungeliebten, 174).

Bei Schellenbaum wird schon deutlich, dass wir für eine gesunde Nächstenliebe nicht nur Selbstliebe brauchen, sondern auch

Gottesliebe. Auch für Jesu Wirken hat sie die Grundlage gebildet. Gottesliebe ist für Schellenbaum die Quelle, aus der die Liebe zu uns selbst und zu unseren Nächsten fließt.

Gottesliebe als Grundlage aller Liebe

Die beiden Kirchenväter Origenes und Augustinus haben den Zusammenhang der drei Gebote von Gottesliebe, Selbstliebe und Nächstenliebe auf je eigene Weise zu erklären versucht. Origenes meint, das erste Gebot der Gottesliebe werde mit dem zweiten Gebot zusammengefasst: »Liebe deinen Nächsten wie dich selbst, weil wir, wenn wir irgendetwas aus Liebe zu uns selbst tun, auch Gott selbst lieben, der Urheber unserer Liebe geworden ist, damit wir uns gegenseitig lieben« (zitiert bei Kany, in RAC 25, 706). Die Nächstenliebe begründet Origenes damit, dass der Mensch »nach dem Bild Gottes geschaffen ist ..., es ist offenkundig, dass niemand, der die Bosheit liebt, seinen Nächsten liebt wie sich selbst, weil er ja nicht einmal sich selbst liebt« (zitiert bei Kany, in RAC 25, 706). Wer also das Böse tut, liebt sich selbst nicht, sondern hasst sich selbst. Daher hängen für Origenes alle drei Gebote miteinander zusammen.

Augustinus verbindet die drei Gebote auf andere Weise. Er bringt sie in eine Reihenfolge: »Zu lieben sei erstens, was über uns ist: Gott; zweitens was wir sind: Selbstliebe; drittens was neben uns ist: Nächstenliebe; viertens, was unter uns steht: der eigene Leib« (zitiert bei Kany, in RAC 25, 706). Augustinus ist also der Meinung, sich selbst und den eigenen Leib zu lieben, sei selbstverständlich und Teil der Selbsterhaltung.

Maximus Confessor (579–662), der Mystiker unter den Kirchenvätern, spricht weniger vom Gebot der Gottesliebe, Nächstenliebe und Selbstliebe. Er sieht die Liebe vielmehr als die Tugend, die uns Gott ähnlich macht und uns an ihm teilhaben lässt: »In der Tat, nichts gleicht Gott mehr und es gibt kein tieferes Geheimnis, nichts, was die Menschen mehr vergöttlicht als die göttliche Liebe ... Die Liebe ist die Vollendung des Guten ... Die Liebe allein macht anschaulich, dass der Mensch nach dem Bild des Schöpfers geschaffen ist« (zitiert bei Kany, in RAC 25, 708).

Alle drei Kirchenväter sehen eine enge Verbindung von Gottesliebe, Selbstliebe und Nächstenliebe. Ihre zentrale Verbindung besteht darin, dass die Liebe, aus der wir uns selbst und unsere Nächsten lieben, selbst göttlich ist. Das ist eine Erklärung, die wir nachvollziehen können. In manchen Predigten, die wir gehört haben, wird behauptet, unsere Liebe zu Gott sei die Grundlage von Selbst- und Nächstenliebe. Aber es wird keine logische und intellektuell nachvollziehbare Erklärung für diese Behauptung gegeben.

Die Frage ist, wie wir Gott lieben können. Gott ist unsichtbar. Wir können ihn nicht lieben wie einen Menschen. Wenn Jesus dieses Gebot als das erste und wichtigste Gebot bezeichnet, so bezieht er sich nicht auf die Zehn Gebote, sondern auf die Stelle im Buch Deuteronomium: »Höre, Israel! Der HERR, unser Gott, der HERR ist einzig. Darum sollst du den HERRN, deinen Gott, lieben mit ganzem Herzen, mit ganzer Seele und mit ganzer Kraft« (Deuteronomium 6,4f). Der Theologe Georg Braulik deutet die Aussage »Unser Gott, der HERR, ist einzig« als die Sprache der Liebe. So wie wir von einer geliebten Frau oder einem geliebten Partner sagen, dass sie oder er für uns einzig ist, so sollen wir das von Gott sagen.

Gott ist einzig und einzigartig. Aber wie sollen wir Gott lieben, wenn wir ihn nicht erfahren? Unsere Liebe braucht immer auch Sinnlichkeit. Wir können Gott lieben, wenn wir die Schönheit der Natur betrachten. Schönheit erzeugt Liebe, sagt Platon. Wenn wir die Schönheit der Natur anschauen, spüren wir eine tiefe Liebe, und diese Liebe gilt letztlich dem Ursprung aller Schönheit: Gott, dem Schöpfer aller Dinge.

Für die Juden gibt es noch eine andere Erfahrung der Liebe zu Gott. Sie haben die Gebote, die Gott dem Volk gegeben hat, als ein Geschenk erlebt. Sie haben erfahren, dass die Gebote Gottes wirklich ein gutes Leben ermöglichen. So bekennt der Beter von Psalm 119 in den Worten der älteren Bibelübersetzung: »Nach deinen Vorschriften zu leben freut mich mehr als großer Besitz« (Psalm 119,14).

Die Freude führt zur Liebe: »An deinen Geboten habe ich meine Freude. Ich liebe sie von Herzen« (Psalm 119,47). Ein Grund für diese Liebe zu den Geboten besteht darin, dass das Nachsinnen über die Gebote Gottes den Menschen weise macht (vgl. Psalm 119,98f). Aber es sind nicht nur die Gebote, die in Israel die Liebe zu Gott bewirken, sondern auch sein Handeln und Sprechen. Die Juden sind überzeugt, dass Gott persönlich zu ihnen spricht, vor allem in den Worten der Propheten, aber auch im geschichtlichen Handeln. Und diesen Gott, der sich im Handeln und im Sprechen zeigt, können sie lieben, weil sie sowohl in beidem seine Liebe spüren, etwa wenn sie die Worte des Propheten Jeremia hören: »Mit ewiger Liebe habe ich dich geliebt« (Jeremia 31,3).

Erich Fromm, der in seiner Jugend jüdische Theologie studiert hat und selbst Rabbiner werden wollte, schreibt in seinem berühmten Buch »Die Kunst des Liebens«, dass die liberalen Juden Gott als Gerechtigkeit und Wahrheit verstehen. Daher zeige sich die Gottesliebe darin, dass die Menschen Gerechtigkeit und Wahrheit leben. Die Liebe zu Gott soll sich also im Tun zeigen, indem wir die Werte verwirklichen, die Gott für uns repräsentiert. Gott lieben heißt »für ihn [den liberalen Juden] soviel wie sich danach sehnen, die volle Liebesfähigkeit zu erlangen und das in sich zu verwirklichen, was ›Gott‹ in einem selbst bedeutet« (Fromm, 84).

Im Neuen Testament bekommt die Liebe zu Gott einen anderen Geschmack. Sie wird für uns möglich, weil Gottes Liebe in uns ist. Paulus drückt das so aus: »Die Liebe Gottes ist ausgegossen in unsere Herzen durch den Heiligen Geist, der uns gegeben ist« (Römer 5,5). Es geht also weniger darum, dass wir Gott lieben, sondern dass wir die Liebe Gottes als eine Kraft in uns erfahren, die es uns ermöglicht, Gott, uns selbst und unsere Nächsten zu lieben. Das wird auch im 1. Johannesbrief deutlich, wo es heißt: »Gott ist Liebe, und wer in der Liebe bleibt, bleibt in Gott und Gott bleibt in ihm« (1 Johannes 4,16).

Wenn wir also Liebe in uns spüren, erfahren wir Gott selbst, der von seinem Wesen her Liebe ist. Dieser Gott wohnt in uns und mit ihm wohnt Liebe in uns. Auf dem Grund unserer Seele ist eine Quelle von Liebe und in ihr erfahren wir Gott. Gottesliebe ist für Paulus und Johannes weniger ein Gebot als eine Erfahrung, die wir machen dürfen. Gott selbst befähigt uns zur Liebe, wenn wir daran glauben, dass er als Liebe in uns wohnt. Wenn wir diese Liebe auf dem Grund unserer Seele erfahren, dann strömt sie aus uns heraus. Dann werden wir fähig, uns selbst und unsere Nächsten zu lieben. Insofern ist Gottes Liebe die Grundlage für Selbstliebe und Nächstenliebe.

Um das zu verstehen, ist es gut, über das Wesen der Gebote nachzudenken. Im Alten Testament sind Gebote Weisungen Gottes, die uns einen Weg zum wahren Leben aufzeigen. Das deutsche Wort Gebot kommt von bieten, es bedeutet darreichen, bekannt machen, zeigen. Die indogermanische Wurzel *bheudh* dieses Wortes steht für erwachen, aufmerksam machen. Es hat die gleiche Wurzel wie »Buddha«, der Erwachte.

Wenn wir in diesem Sinn das Gebot der Gottesliebe deuten, dann heißt es: Jesus will uns die Augen dafür öffnen, wie unser Leben gelingen kann. Er will uns die Augen öffnen für die Liebe Gottes, die in uns ist und die es uns ermöglicht, ein gutes Leben zu führen. Die Liebe Gottes ist die Grundlage für ein erfülltes Leben, und dazu gehören sowohl die Selbstliebe als auch die Nächstenliebe. Denn die Liebe Gottes in unseren Herzen, für die uns Jesus die Augen öffnen möchte, ist die Bedingung, dass wir uns selbst und die Nächsten lieben können. Die Liebe, die in unseren Herzen ausgegossen ist, befähigt uns auch, Gott zu lieben als den, der uns zuerst geliebt hat.

Für uns Christinnen und Christen ist die Liebe Gottes offenbar geworden in seinem Sohn Jesus Christus. So heißt es im Johannesevangelium: »Denn Gott hat die Welt so sehr geliebt, dass er seinen einzigen Sohn hingab, damit jeder, der an ihn glaubt, nicht verloren geht, sondern ewiges Leben hat« (Johannes 3,16). Wenn wir die Liebe Gottes in Jesus sehen, gehen wir nicht zugrunde, sondern wir gewinnen das Leben. Dann bekommt unser Leben eine neue Qualität, es wird zu einem ewigen Leben, das auch durch den Tod nicht zerstört werden kann.

Der Zusammenhang zwischen Gottesliebe, Selbstliebe und Nächstenliebe wird aus der folgenden Abbildung sichtbar. Es geht um die eine Liebe, um die Liebe als eine Kraft, die aus Gott strömt. Sie erfüllt uns Menschen und befähigt uns zur Selbstliebe, aber sie strömt auch zu anderen Menschen hin und drückt sich daher in Nächstenliebe aus. Und es ist die Liebe, die auch wieder von uns Menschen zurückfließt zu Gott. Zur Ganzheit des Menschen gehört dieses Miteinander und Ineinander von Gottesliebe, Selbstliebe und Nächstenliebe.

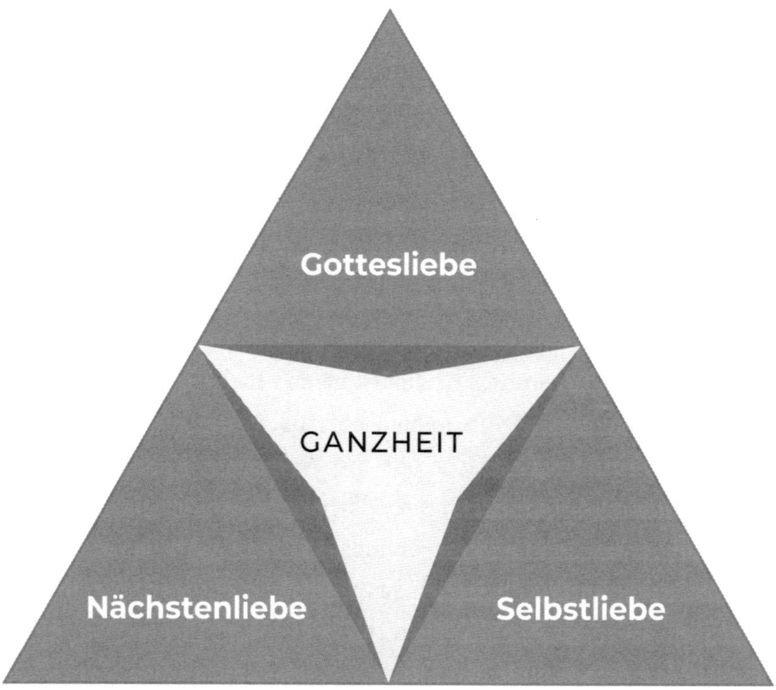

Bilder der Selbstwerdung

Die spirituelle Tradition kennt zwei schöne Bilder für das wahre Selbst: das Bild des Hauses und der Lebensspur. Beide Bilder faszinieren uns, denn sie passen zu unserem Weg der Selbstwerdung und sind zugleich Bilder für das Ziel, wenn wir mit unserem wahren Selbst in Berührung gekommen sind. Das Bild vom Haus kommt auch oft in Träumen vor. Wenn wir davon träumen, dass unser Haus umgebaut wird, kann das bedeuten, dass sich in uns etwas bewegt und verändert. Manchmal herrscht in unserem Haus Chaos oder wir entdecken darin neue Räume. Das Haus zeigt, wie es in uns aussieht. Im Chinesischen ist das Schriftzeichen für Herz mit dem Haus verbunden. Das Haus des Herzens. Es geht darum, in meinem Haus des Herzens zu Hause zu sein und dieses Herzenshaus in Ordnung zu halten und gut zu pflegen.

Das andere ist das Bild der Lebensspur. Ein junger Psychologe erzählte uns, als wir von diesem Bild sprachen, es erinnere ihn ans Skifahren. Wenn er durch den Neuschnee fährt, kann er die einmalige Spur erkennen, die er dort eingräbt. Dieses Bild für sein Leben gefällt ihm. Jeder Mensch gräbt mit seinem Leben eine Spur in diese Welt, und selbst wenn er nach außen scheinbar nichts Großes leistet, prägt er mit dieser Spur diese Welt und gestaltet sie mit. Seine Lebensspur bleibt bestehen.

Diese beiden Bilder möchten wir meditieren, indem wir wieder von biblischen Texten ausgehen, die das Haus und die Lebensspur auf verschiedene Weise darlegen.

Das Lebenshaus

Das Bild des Hauses taucht in der Bibel in verschiedenen Variationen auf. Wir möchten nur einige Aspekte herausgreifen:

Das Haus auf dem Felsen

Jesus spricht in einem Bildwort vom klugen und törichten Hausbau. In der Fassung des Lukasevangeliums heißt es: »Ich will euch zeigen, wem ein Mensch gleicht, der zu mir kommt und meine Worte hört und danach handelt. Er gleicht einem Mann, der ein Haus baute und dabei die Erde tief aushob und das Fundament auf einen Felsen stellte. Als ein Hochwasser kam und die Flutwelle gegen jenes Haus prallte, konnte sie es nicht erschüttern, weil es gut gebaut war« (Lukas 6,47f).

Wir sollen unser Lebenshaus auf ein gutes Fundament bauen, auf einen Felsen. Diesen Felsen, so heißt es bei Lukas, finden wir aber erst, wenn wir die Erde tief ausheben. Wir sollen also tief in unserem Unbewussten graben, unsere Schattenseiten anschauen und uns damit aussöhnen. Dann finden wir unterhalb der Schattenseiten auf dem Grund unserer Seele den Felsen, der unser Haus trägt. Der unvernünftige Mann baut sein Haus direkt auf die Erde. Er gräbt nicht, bis er auf den Felsen stößt, der ein sicheres Fundament bietet. Er bleibt bei seiner Selbsteinschätzung an der Oberfläche und wagt es nicht, tiefer in seine Seele hineinzuschauen.

Anders als Lukas schreibt der Evangelist Matthäus, dass der Mann sein Haus auf einen Felsen und nicht auf Sand bauen soll (vgl. Matthäus 7,24–27). Der Sand steht hier für Illusionen, der Fels dagegen für die Worte Jesu, aber auch für feste Werte. Wir bauen unser Haus oft auf Illusionen auf. Wir meinen, wir müssten die Besten sein, immer perfekt, immer erfolgreich. Solche Vorstellungen sind wie Sand. Wenn wir darauf unser Haus bauen, so stürzt es zusammen, sobald ein Sturm daran rüttelt oder Wassermassen heranfluten.

Unser Lebenshaus ist unser Lebensbereich. Oft genug ist es voll unnötiger Dinge und negativer Emotionen, voll von Konflikten und von tausend Gedanken, die uns im Kopf herumschwirren. In einem alten kirchlichen Abendgebet bitten wir: »Herr, kehre ein in dieses Haus und lass deine heiligen Engel darin wohnen. Sie mögen uns in Frieden behüten.« Wenn Jesus in unser Haus einkehrt, vertreibt er all die chaotischen Gedanken und Emotionen. Dann wohnen Engel bei uns. Sie erfüllen unser Haus mit Liebe und Licht. Engel halten uns aus, stehen uns bei. In dem Haus, in dem Jesus und die Engel wohnen, können wir uns selbst aushalten, da fühlen wir uns behütet und geschützt, eingehüllt in eine Atmosphäre von Liebe.

Sowohl für Matthäus als auch für Lukas ist der kluge Mann, der sein Haus auf Felsen baut, einer, der die Worte Jesu hört und danach handelt. Im Griechischen steht hier jeweils der Begriff *poioun*. Er verbirgt sich auch in unserem Wort »Poesie« und bedeutet nicht nur handeln oder die Worte befolgen, sondern: kreativ damit umgehen. Für uns heißt das, wir sollen mit den Worten Jesu kreativ umgehen, mit ihnen unser Leben gestalten und es so formen, dass es unserem wahren Selbst entspricht. Gemeint ist also nicht das sture Befolgen von Geboten, sondern ein kreativer Umgang mit den Worten Jesu, die mich zum wahren Leben und zu meinem wahren Selbst führen möchten.

Das Bild vom Turmbau

Im Lukasevangelium erzählt Jesus das kurze Gleichnis vom Turmbau: »Wenn einer von euch einen Turm bauen will, setzt er sich dann nicht zuerst hin und rechnet, ob seine Mittel für das ganze Vorhaben ausreichen? Sonst könnte es geschehen, dass er das Fundament gelegt hat, dann aber den Bau nicht fertigstellen kann. Und alle, die es sehen, würden ihn verspotten und sagen: Der da hat einen Bau begonnen und konnte ihn nicht zu Ende führen« (Lukas 14,28–30).

C. G. Jung hat bis an sein Lebensende an seinem Turm in Bollingen am Zürichsee gebaut. Das Gebäude war für ihn ein Bild seiner eigenen Selbstwerdung. Der Turm ist rund. Das Runde ist immer ein Bild für die Ganzheit. Der Turm hat tiefe Fundamente und ragt in die Höhe. Er bietet Schutz und Sicherheit.

Jesus geht nun in seinem Gleichnis davon aus, dass wir unseren Turm erst bauen können, wenn wir uns genau überlegt haben, welche Mittel uns zur Verfügung stehen. Das Material, mit dem wir ihn bauen, ist unsere Lebensgeschichte. Es sind unsere Begabungen, aber auch unsere Verletzungen.

Wir sollen unseren ganz persönlichen Turm bauen. Er muss nicht der größte und schönste sein, aber er soll unserem wahren Selbst entsprechen. Daher können wir unseren Turm nur bauen, wenn wir uns zuvor mit allen Stärken und Schwächen kennengelernt haben. Der Turm würde nie vollendet werden, wenn wir uns zu große Bilder überstülpen, wenn wir irgendein ideales Selbst darstellen wollen, das wir gar nicht sind. In unserem Turm soll unser wahres Selbst sichtbar werden. Doch das wahre Selbst erkennen wir nur, wenn wir uns – wie Jesus sagt – Zeit nehmen und über uns und unsere Lebensgeschichte, über unseren Charakter, unsere Veranlagungen, aber auch über unsere Achillesfersen und Schwächen nachgedacht und uns selbst darüber Rechenschaft abgelegt haben.

Eine Frau, die wenig Selbstvertrauen hatte, erzählte, sie habe in der Therapie gelernt, sich selbst größer zu sehen. Doch das hat sie so übertrieben, dass sie sich vor ihren Kollegen und Kolleginnen aufblähte. Als sie zu Hause war, fiel das ganze Kartenhaus von Selbstbewusstsein in sich zusammen. Sie hatte einen zu großen Turm gebaut, der für sie nicht stimmte. Daher braucht es die ehrliche Selbsterkenntnis: Wer bin ich und was habe ich an seelischen und körperlichen Mitteln zur Verfügung, um den Turm für mein wahres Selbst zu bauen?

Das negative Beispiel vom Turm begegnet uns in der Geschichte vom Turmbau zu Babel. Die Menschen dort wollten zu hoch hinaus. Sie sagten sich: »Auf, bauen wir uns eine Stadt und einen Turm mit einer Spitze bis in den Himmel! So wollen wir uns einen Namen machen, damit wir uns nicht über die ganze Erde zerstreuen« (Genesis 11,4). Letztlich wollten sie mit ihrem Turm sein wie Gott. Wer immer höher hinaus will, findet irgendwann keine Sprache mehr, die ihn mit anderen verbindet. Und wenn die Menschen nicht mehr kommunizieren können, dann wird auch das, was sie bauen, einstürzen. Ihnen wird nichts Großes gelingen.

Der Eckstein, der alles zusammenhält

Jesus erzählt den Pharisäern das Gleichnis vom Weinberg (Matthäus 21,33–46). Die Winzer haben den Weinberg gepachtet. Nach der Ernte schickt der Eigentümer seine Knechte, um seinen Anteil an den Früchten holen zu lassen, doch die Winzer verprügeln sie und werfen sie aus dem Weinberg. Andere Knechte, die der Herr schickt, töten sie sogar. Selbst als er seinen Sohn schickt, töten sie diesen, damit sie selbst den Weinberg erben und alles ihnen gehört. Als Jesus die Pharisäer fragt, was der Herr wohl tun wird mit den Winzern, vermuten sie, dass er ihnen ein böses Ende bereitet. Da zitiert Jesus den Satz, der auch in Psalm 118 vorkommt: »Der Stein, den die Bauleute verworfen haben, er ist zum Eckstein geworden; vom Herrn ist das geschehen und es ist wunderbar in unseren Augen« (Matthäus 21,42; Psalm 118,22f).

Normalerweise wird dieses Gleichnis so interpretiert, dass die Juden die Propheten und zuletzt Jesus abgelehnt, ja Jesus sogar getötet haben. Doch Origenes versteht dieses Gleichnis als Bild für unseren eigenen Lebensweg. Dann lässt es sich so deuten: Oft lehnen wir die Menschen ab, die uns nach den Früchten fragen, die unser Leben bringen soll. Wir möchten uns nicht gerne infrage stellen lassen. So bringen wir auch alle unangenehmen Stimmen in uns zum Schweigen. Der Sohn im Gleichnis steht für das wahre Selbst. Wenn wir es wagen, einmal ganz still zu werden, kommen wir in Berührung mit unserem wahren Selbst. Doch es stellt mein Ego infrage. Es fragt mich: Ist das, was du lebst, wirklich stimmig für dich? Oder willst du dich nur vor anderen beweisen? Ist deine Spiritualität nur ein Versuch, dich besonders interessant zu machen, dich über andere zu stellen? Doch wir lassen uns nicht gerne infrage stellen. Deshalb wollen die Winzer den Sohn ihres Herrn, die Stimme des wahren Selbst, mundtot machen.

Jesus liefert uns selbst eine Deutung seines Gleichnisses, indem er Psalm 118 zitiert: »Ein Stein, den die Bauleute verwarfen, er ist zum Eckstein geworden. Vom HERRN her ist dies gewirkt, ein Wunder in unseren Augen.« Der Psalm spricht von der Rettung eines Menschen, der von Feinden bedrängt wird. Jesus bezieht das Gleichnis mit diesem Psalmvers auf unsere ganz persönliche Biografie, auf die Geschichte unserer Heilung und Rettung. Gott selbst kommt uns zu Hilfe. Diese Hilfe wird mit dem Bild des Ecksteins beschrieben. Mit dem Eckstein vollendet der Bauherr eine Mauer. Der Eckstein verbindet auch zwei Mauern miteinander. Der Stein, den die Bauleute als unbrauchbar verworfen haben, wird für uns zum Eckstein.

Wenn wir dieses Bild ernst nehmen, dann bedeutet es: Gerade das, was wir bei uns selbst nicht beachten, was wir ablehnen, das könnte zum Eckstein werden, der unser Lebensgebäude vollendet und die vielen anderen Steine zusammenhält. Jesus spricht vom Wunder, das viele Menschen bestaunen. Ja, es ist ein Wunder, dass gerade der Stein, den wir weggeworfen und nicht beachtet haben, für uns zum Eckstein wird, zu dem Stein, den wir brauchen, damit wir nicht auseinanderfallen, sondern alles, was zu uns gehört, in die Mauer unseres Lebenshauses integrieren können.

Das Thomasevangelium wurde zwar nicht in den Kanon der biblischen Bücher aufgenommen, dennoch überliefert es Worte Jesu. Im Gleichnis von den Weinbergpächtern sagt Jesus hier am Schluss den Jüngern: »Zeigt mir den Stein, den die Bauleute verworfen haben. Er ist der Eckstein« (Logion 66, zitiert bei

Koller/Ebert). Dietrich Koller, der lange geistlicher Begleiter im Kloster Schwanberg war, interpretiert das Wort Jesu so: »Zeigt mir eure Niederlagen. In ihnen liegt eure Zukunft. Zeigt mir euer Leid. Hier liegt die Quelle eurer Erkenntnis. Zeigt mir eure Wunden. Es sind die Zeichen der Erwählung« (zu Logion 66 in Koller/Ebert). Wenn wir das Gleichnis vom Weinberg in diesem Sinn verstehen, dann will uns Jesus auf das hinweisen, was wir in uns selbst abgelehnt haben. Es gibt Menschen, die ihren Leib ablehnen, weil er nicht so perfekt ist, wie sie ihn gern hätten. Doch gerade der Leib könnte zum Ort der Gotteserfahrung werden. Andere lehnen ihre Schwächen ab. Aber gerade in unseren Schwächen kann die Gnade Gottes ihre Kraft erweisen. Viele möchten ihre seelischen Wunden verdrängen. Sie meinen, es lohne sich nicht, sich damit zu beschäftigen, man sollte sich einfach den Aufgaben stellen, die uns heute herausfordern. Es ist gut, sich auf das einzulassen, was gerade ansteht. Aber wenn wir unsere Wunden verdrängen, werden sie immer wieder aufbrechen und wir werden in ganz harmlosen Situationen auf einmal auf unangemessene Weise reagieren. Wir verstehen uns in diesem Moment vielleicht selbst nicht und fühlen uns auch von den anderen missverstanden, übersehen oder abgelehnt. Wenn wir unsere Wunden anschauen und Gott hinhalten, vermag er sie – wie Hildegard von Bingen sagt – in Perlen zu verwandeln.

Der Eckstein könnte ein Bild dafür sein, wie wir ganz werden, wie wir das wahre Selbst finden. Der Eckstein hält die Mauern zusammen, die aus verschiedenen Steinen bestehen. Ohne Eckstein ist die Mauer in Gefahr auseinanderzufallen. Der Eckstein macht sie ganz und gibt ihr Halt. Das ist ein schönes Bild für die Ganzheit des Menschen und für sein wahres Selbst, das alles in ihm zusammenhält. Das Selbst, wie C. G. Jung es versteht, verbindet auch die verschiedenen Pole in uns: das Starke und das Schwache, das Gesunde und das Kranke, die Erfolge und die Misserfolge, das Gelingen und das Scheitern. Gerade das, was wir in uns nicht beachten, weil wir es für wertlos und unbrauchbar halten, kann zum Eckstein werden, der die verschiedenen Steine in uns zusammenhält, sodass wir unser Lebenshaus aus festen und zuverlässigen Mauern erbauen. Jesus sieht sich selbst in diesem Gleichnis als den Eckstein, der alles Getrennte und nicht Beachtete in uns verbindet zu einem Haus, das uns Halt und Heimat gibt.

Das Gleichnis von der verlorenen Drachme

Jesus erzählt im Lukasevangelium noch ein anderes Gleichnis, das vom Lebenshaus handelt: das Gleichnis von der verlorenen Drachme: »Wenn eine Frau zehn Drachmen hat und eine davon verliert, zündet sie dann nicht eine Lampe an, fegt das Haus und sucht sorgfältig, bis sie die Drachme findet? Und wenn sie diese gefunden hat, ruft sie die Freundinnen und Nachbarinnen zusammen und sagt: Freut euch mit mir, denn ich habe die Drachme wiedergefunden, die ich verloren hatte« (Lukas 15,8f).

Zehn ist die Zahl der Ganzheit. Wenn die Frau eine ihrer zehn Drachmen verliert, fühlt sie sich nicht mehr ganz. Der griechische Kirchenvater Gregor von Nyssa deutet die Drachme als Bild für Christus und als ein Bild für das wahre Selbst. Wenn die Frau ihr Selbst verloren hat, fällt sie innerlich auseinander. Sie hat die Mitte verloren, die alles zusammenhält. Die Frau zündet ein Licht an. Für Gregor von Nyssa ist das Licht der Verstand. Wir brauchen den Verstand, um das Dunkel des Unbewussten in uns zu erhellen und dort in der Tiefe unserer Seele unser wahres Selbst zu finden. Die Frau fegt den Schmutz weg, der sich auf den Boden ihres Hauses gelegt hat. Gregor deutet diesen Schmutz als Bild für die Unachtsamkeit, mit der wir leben. Wenn wir uns unachtsam auf viele Aktivitäten einlassen, dann verschmutzt unser Haus. So müssen wir kräftig fegen, um wieder an den ursprünglichen Glanz unserer Seele zu gelangen. Die Frau gibt sich alle Mühe, sie sucht eifrig, fürsorgend, sorgfältig – so die Bedeutung des griechischen Wortes *epimelos* – und sie findet die Drachme. Sie ruft alle ihre Freundinnen und Nachbarinnen zusammen und feiert voller Freude ein Fest. Wenn wir unser wahres Selbst gefunden haben, erfüllt Freude unser Herz. Wir finden auch eine neue Beziehung zu unseren Mitmenschen. Das wollen wir mit ihnen feiern.

Wenn die Frau die verlorene Drachme findet, gelangt sie wieder zur Ganzheit. Ganzsein heißt nicht Perfektsein. Perfekt ist fehlerlos. Ganzsein bedeutet dagegen, dass ich die verlorenen, verwundeten und zerbrochenen Teile meines Lebens und meiner Seele wiederfinde und integriere. Das ist auch die Forderung Gottes an Abraham nach dem Wortlaut der früheren Einheitsübersetzung: »Geh deinen Weg vor mir und sei ganz!« (Genesis 17,1). Die innere Mitte kann alles, was in uns auseinanderstrebt, zusammenhalten und verbinden. Das wahre Selbst integriert alles, was in uns ist, auch das, was uns verlorengegangen ist, weil wir uns zu einseitig auf unser Handeln konzentriert und dabei den Grund unserer Seele vergessen und vernachlässigt haben.

In unserem Recollectio-Haus geben wir manchmal einem Gast auf dem Hintergrund dieses Gleichnisses die Aufgabe, sein Lebenshaus zu malen. Er soll die verschiedenen Räume zeichnen, in denen er sich wohl und zu Hause fühlt, die Räume, in denen er Gemeinschaft mit anderen Menschen erfährt, aber auch die

Räume, die noch verschlossen sind, in die er all seine verdrängten Schattenseiten und Verletzungen hineingestopft hat. Außerdem ist es wichtig, das Licht des Verstandes auch in diese verschlossenen, unaufgeräumten Bereiche vordringen zu lassen, wo sich mancher Seelenmüll angesammelt hat, und all das Verdrängte liebevoll anzuschauen. Vielleicht findet ein Mensch gerade in diesen verschlossenen Räumen die verlorene Drachme, die er braucht, um sich selbst zu vervollständigen, um sein wahres Selbst zu finden und in seine Mitte zu kommen.

Zur Selbstwerdung gehört es, dass wir alle Räume unseres Hauses bewohnen. Dann ist unser Haus auch offen für Gäste, für die Menschen, mit denen wir zusammenleben und -arbeiten. Dann brauchen wir nichts mehr vor ihnen zu verstecken. Wir können ihnen unser ganzes Haus zeigen, weil überall das Licht Christi erstrahlt und alles erleuchtet.

Die Lebensspur

Zu Beginn des Kurses »Finde deine Lebensspur« erzählen Teilnehmende immer wieder davon, dass sie ihre Spur verloren haben. Wenn ein Zug vom Gleis gerät, kann er nicht mehr vorankommen. So erleben viele, die aus der Spur geraten sind, dass ihr Weg anstrengend geworden ist, sie wissen nicht, warum und wozu sie leben.

Die eigene Lebensspur finden

In Seelsorgegesprächen erzählen uns Menschen oft von Verletzungen, die sie in der Kindheit erlebt haben. Manchmal sind sie verbittert. Wir versuchen zu würdigen, was sie erlitten haben.

Wir vermitteln ihnen, dass wir ihre Bitterkeit verstehen. Aber dann fragen wir: Welche Lebensspur möchten Sie jetzt eingraben in diese Welt? Wollen Sie weiter die Spur der Bitterkeit verfolgen und an der Opferrolle festhalten oder aber eine Spur von Barmherzigkeit und Milde, von Hoffnung und Zuversicht legen?

Das Bild der Lebensspur kann die Menschen zu ihrem wahren Selbst führen. Sie spüren, dass sie nicht nur verwundete Menschen sind, sondern dass es in ihnen die Sehnsucht gibt, eine gute, liebevolle und leuchtende Spur in diese Welt zu legen. Wenn sie an ihre Lebensspur denken, erkennen sie, dass sie diese Welt mitprägen können. Sie wird nicht nur von den Mächtigen gestaltet, wir alle gestalten sie mit durch den je eigenen Weg, den wir gehen. Das Bewusstsein, dass sie dafür verantwortlich sind und mit ihrer Spur diese Welt mitgestalten, tut den Menschen gut. Sie spüren, dass sie einmalig sind. Sie kommen mit ihrem wahren Selbst in Berührung, das unter allen Verletzungen und aller Bitterkeit in ihnen schlummert und sich in einer guten Lebensspur ausdrücken möchte.

Wie es gelingt, die eigene Lebensspur zu entdecken und zu verwirklichen, zeigt der Bibeltext vom Auszug Abrahams. Gott befiehlt Abraham, seine Heimat zu verlassen. Dann, so verheißt ihm Gott, wird er ein Segen sein für viele Geschlechter (vgl. Genesis 12,1–9). Abraham gilt als Vorbild im Glauben. Sowohl Angehörige der jüdischen wie der christlichen Religion sehen ihn als einen Mann, der durch seinen Glauben eine bleibende Spur in diese Welt eingegraben hat. Die Bedingung für diese einmalige Spur ist sein Auszug. Gott spricht zu Abraham: »Geh fort aus deinem Land, aus deiner Verwandtschaft und aus deinem Vaterhaus« (Genesis 12,1).

Die frühen Mönche sehen in diesen Worten Gottes an Abraham einen dreifachen Auszug, den sie auch als Auftrag an sie selbst so deuten:

1. Zieh weg von allem, was dich bindet

Löse dich von allem, was dich festhält, wovon du abhängig bist. Lass die Erwartungen und Ansprüche der Menschen hinter dir. Geh deinen Weg, geh ihn in Freiheit. Nur so findest du dein wahres Selbst, nur so wirst du deine persönliche Spur in diese Welt zeichnen.

2. Zieh weg aus Gefühlen der Vergangenheit

Löse dich von Verletztsein, Groll und Bitterkeit. Schau deine Vergangenheit an, aber lass sie zugleich auch los, anstatt dort immer wieder nach Wunden und Benachteiligungen zu suchen. Es gibt aber auch Menschen, die ständig nur von den glorreichen Zeiten ihrer Vergangenheit sprechen und einzig daran »ihre Lebensflamme anfachen können«, wie C. G. Jung es ausdrückt (Jung, GW 8, 452). Ich kann meine persönliche Lebensspur nur verwirklichen, wenn ich ganz gegenwärtig bin und weder die Last noch die Verklärung der Vergangenheit mit mir herumschleppe.

3. Zieh weg aus dem Sichtbaren

Relativiere das Sichtbare, denn letztlich gehen wir immer auf das Unsichtbare, auf Gott zu. Novalis drückt das so aus: »Wohin denn gehen wir? Immer nach Hause« (Novalis, 23). Paulus schreibt: »Unsere Heimat ist im Himmel« (Philipper 3,20). Wir gehen auf eine ewige Heimat zu, so hat Paulus im Hebräerbrief den Auszug Abrahams verstanden. Abraham und Sara zeigen, »dass sie eine Heimat suchen. Hätten sie dabei an die Heimat gedacht, aus der sie ausgezogen waren, so wäre ihnen Zeit geblieben zurückzukehren; nun aber streben sie nach einer besseren Heimat, nämlich der himmlischen« (Hebräer 11,14–16).

Die jüdische Tradition, wie sie in den chassidischen Geschichten überliefert wird, deutet diesen dreifachen Auszug anders. Der Chassidismus war eine mystische Strömung im Judentum, die ihren Höhepunkt im 18. Jahrhundert hatte. Der Religionsphilosoph Martin Buber hat viele legendäre Erzählungen aus der chassidischen Tradition gesammelt und sprachlich für uns heutige Leser überarbeitet. So heißt es in einer chassidischen Erzählung, in der es um den Auszug Abrahams aus seinem Haus und seinem Land geht: »Gott spricht zum Menschen: Zuvorderst geh aus deinem Land – aus der Trübung, die du selber dir angetan hast. Sodann aus deinem Geburtsort – aus der Trübung, die deine Mutter dir angetan hat. Danach aus deinem Vaterhaus – aus der Trübung, die dein Vater dir angetan hat. Nun erst vermagst du in das Land zu gehen, das ich dir zeigen werde« (Buber, 385).

Um meine eigene Lebensspur in diese Welt eingraben zu können, muss ich zuerst ausziehen aus den Trübungen, die ich mir selbst bereitet habe. Solche Trübungen sind Illusionen, die ich mir über mich mache, entweder Bilder von mir selbst, die mich erhöhen und aufblähen oder die mich kleiner und schlechter machen.

Jeder von uns hat bestimmte Bilder von sich. Wir verwechseln sie oft mit unserem wahren Selbst und merken gar nicht, dass sie dieses eintrüben. Daher lautet die erste Aufgabe, diese Bilder zu erkennen. Im nächsten Schritt geht es darum, immer mehr »auszuwandern« aus diesen Bildern, um bei unserem wahren Selbst anzukommen.

Die zweite Trübung, aus der wir auswandern sollen, ist die Trübung durch die Mutter. Es ist ganz normal, dass eine Mutter sich bestimmte Bilder von ihrer Tochter oder ihrem Sohn macht. Sie hat Erwartungen an die Kinder und oft genug projiziert sie das, was sie selbst nicht leben konnte oder durfte, auf die Kinder. Doch mit solchen Vorstellungen legt sie die Kinder fest. Wir sollen der Mutter keine Vorwürfe machen, und wer selbst Mutter ist, wird sich vermutlich auch selbst dabei ertappen. Es ist die Verantwortung des Sohnes und der Tochter, aus diesen Bildern auszuwandern, sie loszulassen, um das eigene Selbst zu erkennen und dann ihre ganz persönliche Lebensspur in diese Welt zu legen.

Die dritte Trübung bereitet uns der Vater. Auch er macht sich bestimmte Bilder von Sohn und Tochter. Seine Vorstellungen hängen ab von seiner eigenen Lebensgeschichte. Wenn er unbewusst Angst vor Frauen hat, wird er diese Angst auf seine Tochter projizieren oder er wird ihr das Frauenbild überstülpen, das er in seiner Lebensgeschichte mitbekommen hat. Auf seinen Sohn wird er das Männerbild übertragen, dem er gefolgt ist. Doch dieses Bild legt den Sohn fest und engt ihn ein. Daher ist es die Verantwortung von Sohn und Tochter, diese Trübungen hinter sich zu lassen, um ganz sie selbst zu werden und ihr Leben nach eigenen Vorstellungen zu gestalten.

Das Bild der Lebensspur gilt für jedes Lebensalter. Jungen Leuten vermittelt es Sinn, dass sie die Welt mitgestalten können. Menschen in der Lebensmitte bestärkt es in ihrem Bemühen, die Welt mitzuformen. Vor allem aber für alte Menschen, die glauben, sie seien nur eine Last für die Gesellschaft und sie könnten nichts Positives beitragen, ist es ein hoffnungsvolles Bild. Denn von der Lebensspur alter Menschen hängt auch das Gelingen des Miteinanders in unserer Gesellschaft ab. Wenn sie trotz Krankheit und Beschwerden eine Spur der Zuversicht und Hoffnung in die Welt bringen, dann verwandelt uns das, dann wird etwas in der Gesellschaft heller, menschlicher und hoffnungsvoller.

In unserem Kurs »Finde deine Lebensspur« bieten wir eine Übung an, die dabei helfen kann, die eigene Lebensspur zu finden. Zunächst malen die Teilnehmenden eine Lebenslinie von der Geburt bis zum aktuellen Zeitpunkt. Sie erklären diese Lebenslinie, indem sie einzelne positive und negative Ereignisse als Hochs und Tiefs eintragen, die Gefühle beschreiben, die mit den Ereignissen verbunden waren, und die Menschen benennen, die dabei eine Rolle spielten. Die einzelnen Phasen ihrer Lebensspur reflektieren sie anhand von vier Fragen:

1. Welche Stichworte, Themen und Situationen wiederholen sich in den einzelnen Phasen?
2. Was war jeweils die Antriebskraft für mich?
3. Welche Berufung, welche Verheißung erkenne ich in den einzelnen Ereignissen?
4. Welche typischen Schwächen tauchen immer wieder auf? Was ist meine Achillesferse, meine schwache Stelle, die mich verwundbar macht?

Dann schauen sie ihre Lebenslinie nochmals an und überlegen sich: Wie würde ich die Lebensspur benennen, die ich bisher in diese Welt gezeichnet habe und welche Spur möchte ich jetzt eingraben?

In der Bibel haben wir zwei Bilder für die Lebensspur gefunden, die jeder Mensch in dieser Welt hinterlässt. Sie deuten diese Spur als etwas Heilsames, das Fruchtbarkeit und Segen bringen kann.

Früchte der Lebensspur

Psalm 85 sagt über Gott, dass er uns Segen spendet und unserem Land Ertrag schenkt. Der letzte Vers lautet im Wortlaut der älteren Übersetzung: »Gerechtigkeit geht vor ihm her, und Heil folgt der Spur seiner Schritte« (Psalm 85,14). Dieser Vers bezieht sich in erster Linie auf Gott. Gott hinterlässt Spuren auf unserer Erde. Davon ist in den Psalmen öfter die Rede, etwa in Psalm 65,12: »Du krönst das Jahr mit deiner Güte, deinen Spuren folgt Überfluss.« Gott gräbt seine Spuren in diese Welt ein und es sind Spuren von Gerechtigkeit, Heil und Überfluss. Wir erkennen sie an der reichen Ernte, die wir einfahren dürfen, an der Schönheit der Schöpfung und am Heil, das von ihm ausgeht.

Wir können diese Verse aber auch auf uns beziehen. Dann sind sie ein schönes Bild für die Lebensspur, die wir in der Welt ziehen. Es soll eine Spur der Gerechtigkeit sein, eine Spur, die verdeutlicht, dass wir unserem innersten Wesen, unserem wahren Selbst gerecht werden und dass wir den Menschen, denen wir begegnen, und der Schöpfung Gerechtigkeit widerfahren lassen. Es soll eine Spur des Heils sein, eine heilende Spur, die den Menschen guttut, mit denen wir zusammenleben. Von uns soll keine Bitterkeit ausgehen, sondern etwas, das die Wunden der Menschen heilt, die unsere Spur erleben. Eine heilsame Spur wird unsere Lebensspur aber nur werden, wenn wir unsere eigenen Verletzungen angeschaut und uns damit ausgesöhnt haben, wenn wir unsere Wunden in Perlen verwandelt haben. Wenn es unsere ganz persönliche Spur ist, die wir in diese Welt eingraben, dürfen wir auch vertrauen, dass ihr – wie es in Psalm 65 heißt – Überfluss folgt, dass von ihr Segen ausgeht für die Menschen.

Die Spur eingraben, ohne auf Beifall zu warten – Kein Blick zurück

Ein anderes Bild der Lebensspur begegnet uns im Lukasevangelium. Lukas erzählt uns von einem jungen Mann, der Jesus unbedingt nachfolgen will. Aber zuvor möchte er gerne noch Abschied von seiner Familie nehmen. Dafür haben wir durchaus Verständnis. Doch Jesus antwortet auf die Bitte des jungen Mannes: »Keiner, der die Hand an den Pflug gelegt hat und nochmals zurückblickt, taugt für das Reich Gottes« (Lukas 9,62). Das klingt für uns allzu hart. Doch Jesus meint damit: Wer ihm wirklich nachfolgen, wer der Stimme seines wahren Selbst folgen will, der soll seinen ganz persönlichen Weg gehen und nicht zurückschauen, ob er von seiner Familie und seinen Freunden Zustimmung dafür erhält.

Wir erleben immer wieder junge Menschen, die bewusst ihren Weg gehen und ihre ganz persönliche Spur in die Welt eingraben möchten. Aber zugleich schauen sie zurück, ob die Leute ihnen dafür auch Beifall spenden und machen sich davon abhängig. Dem wahren Selbst zu folgen, bedeutet jedoch, auf die innere Stimme zu hören – und das macht einsam. Wir können das wahre Selbst nur in der Begegnung mit Gott finden, in der Stille, in der wir uns ganz allein vor Gott hinstellen, um zu spüren, wer wir wirklich sind.

Das Wort Jesu bedeutet allerdings nicht, dass wir nicht in die Vergangenheit schauen sollen. Zur Selbstwerdung gehört es, uns mit unserer Lebensgeschichte auszusöhnen. Das kann nur gelingen, wenn wir unsere Geschichte mit all ihren Verletzungen und Kränkungen anschauen, würdigen und unseren Frieden damit machen. Erst wenn uns das gelungen ist, sollen wir nach vorne schauen. Es gibt einen Grundsatz der Psychologie: Wer sich nicht mit seiner Vergangenheit aussöhnt, wiederholt sie. Das gilt für die persönliche Geschichte, aber auch für die Geschichte eines Volkes. Wer seine Vergangenheit angenommen hat, der kann voller Hoffnung und Zuversicht seinen Weg in die Zukunft gehen. Er schaut nach vorne, damit die Furche, die er in den Acker gräbt, eine gleichmäßige Linie wird. Jesus will, dass unser Leben Frucht bringt. Das gelingt aber nur, wenn wir klare Spuren im Acker dieser Welt und im Acker unserer Seele hinterlassen.

Jesus leugnet mit seiner Forderung an den jungen Mann nicht, dass wir immer auch Gemeinschaftsmenschen sind, dass wir unsere Spur auch im Blick auf die Gemeinschaft, in der wir leben, eingraben sollen. Wir sollen die Gemeinschaft berücksichtigen mit ihren Erwartungen, aber doch in uns hineinhorchen und uns fragen: Welche Spur stimmt für mich? Wenn die Spur für mich stimmt, darf ich darauf vertrauen, dass sie auch für die Gemeinschaft zum Segen wird. Aber es kann sein, dass ich auf Unverständnis stoße, sobald ich beginne, meine eigene Lebensspur zu finden und zu gestalten. Meine Umgebung möchte mich in ihr Korsett zwängen. Die anderen möchten, dass ich so lebe wie sie. Doch Jesus traut jedem einzelnen Menschen zu, im Horchen auf sein wahres Selbst eine Spur in den Acker dieser Welt zu legen, die Frucht trägt nicht nur für ihn selbst, sondern auch für die Gemeinschaft, ja für die ganze Welt.

Gottes einmaliges Wort in mir

Johannes hat im Prolog seines Evangeliums über das Wort Gottes geschrieben. Gott spricht am Anfang der Schöpfung. Durch sein Wort wird alles erschaffen. Gott spricht auch durch die Propheten, die sein Wort in die Welt tragen, und dieses Wort ist voller Leben und Licht. Es bringt uns wahres Leben, es lässt das Leben in uns aufblühen. Und es ist Licht. Es erhellt unser Dasein, sodass wir es verstehen. In Jesus ist das Wort Gottes »Fleisch geworden und hat unter uns gewohnt« (Johannes 1,14). In ihm ist das Wort Gottes sichtbar und erfahrbar geworden. Der Mensch Jesus ist das Wort, das Gott zu uns spricht. Dieses Wort bringt uns wahres Leben und erleuchtet uns, sodass wir selbst zum Licht werden.

Die Mystiker haben den Johannesprolog auch so ausgelegt, dass er sich auf uns bezieht. Auch in uns will das Wort Gottes Fleisch werden. Es soll durch unsere Ausstrahlung in dieser Welt sichtbar werden. Die Menschen sollen sehen, dass Gott durch uns etwas ausdrückt, was nur wir ausdrücken können. Dafür steht auch das Bild, dass wir in der Taufe alle zum Propheten und zur Prophetin gesalbt wurden. Ein Prophet ist nicht jemand, der die Zukunft voraussagt, sondern der etwas von Gott in diese Welt trägt, das nur durch ihn Ausdruck finden kann. So soll jeder von uns einen Aspekt Gottes in dieser Welt ausdrücken auf eine Weise, die nur ihm allein möglich ist.

Der Theologe und Religionsphilosoph Romano Guardini schreibt in seinen Lebenserinnerungen über einen Traum. Als er aufwachte, konnte er sich nicht an alles erinnern, doch ihm war, als ob Gott über jeden Menschen ein einmaliges Wort spricht, das nur für diesen einen Menschen passt: »Es wurde mir also gesagt, wenn der Mensch geboren wird, wird ihm ein Wort mitgegeben, und es war wichtig, was gemeint war: nicht nur eine Veranlagung, sondern ein Wort. Das wird hineingesprochen in sein Wesen, und es ist wie ein Passwort zu allem, was dann geschieht« (Guardini, zitiert bei Gerl-Falkovitz, 279). Unsere Aufgabe besteht nun darin, dieses einmalige Passwort, das Gott in uns spricht, in der Welt vernehmbar werden zu lassen. Es soll durch alles hindurchscheinen, was wir sprechen und was wir tun. Jeder Mensch ist also ein einmaliges Wort Gottes, das in ihm Fleisch werden möchte, das sichtbar werden will in seiner Wirkung auf die Menschen.

Bei Kursen machen wir manchmal eine Übung zu diesem Text von Romano Guardini. Wir laden die Teilnehmenden ein, ein oder zwei Worte auf einen Zettel zu schreiben, die sie in ihrem Leben für die Menschen hörbar machen möchten. Natürlich kann keiner mit Gewissheit sagen, dass er genau das Wort trifft, das Gott ihm zugesprochen hat. Aber wenn wir unserem Gefühl trauen, finden wir das passende Wort für uns. Nach einer Zeit der Stille steht eine Person nach der anderen auf, liest laut ihr Wort vor und legt es in die Mitte. Das geschieht ganz ohne Bewertung und es ist nicht die Frage, was wir welcher Person zutrauen oder nicht. Es geht einfach darum, zu vertrauen, dass dieser Mensch etwas von diesem Wort in die Welt trägt. Nach der Übung halten alle inne und stellen sich vor: Hier in diesem Kreis will jeder ein Wort Gottes in dieser Welt hörbar und erfahrbar machen. Danach schauen wir mit einem anderen Blick auf uns. Wir sind dankbar, dass Gott auch heute durch die Menschen spricht. Natürlich wissen wir, dass wir alle nur begrenzt unser Wort verwirklichen. Aber etwas von diesem Wort wird in den Gesichtern der Menschen sichtbar – und das gibt uns Hoffnung für unsere Welt.

Selbstwerdung im Alltag

Wir haben uns nun viele Gedanken gemacht über das wahre Selbst. Doch wie gelingt es uns, das wahre Selbst tatsächlich zu leben? Wie sieht unser Alltag aus, wenn wir aus unserer Mitte und gemäß unserer tiefsten Wahrheit leben?

Rein theoretische Gedanken über das Selbst helfen uns nicht weiter, wenn dadurch unser konkretes Leben nicht verwandelt und geprägt wird. Daher möchten wir die drei Bereiche benediktinischer Spiritualität als Übungsfeld für die Verwirklichung des wahren Selbst herausgreifen: die persönliche oder mystische Ebene *(ora)*, die Gemeinschaftsebene und die Ebene der Welt *(labora)*.

Auf allen drei Ebenen gibt es auch Gefahren und Missverständnisse. Manche Menschen meinen, es genüge, das reine Selbst zu sein, ohne dass von diesem Selbst etwas ausgeht, ohne dass sie die Welt aus dem Selbst heraus gestalten. Doch wenn das Sein nicht ins Tun fließt, neigen sie zur Passivität und verweigern ihre Verantwortung für die Welt. Das Sein will immer auch im Tun wirksam werden.

Selbstwerdung auf der persönlichen und mystischen Ebene

Bei unseren Kursen machen wir manchmal folgende Übung: Wir gehen durch den Raum und stellen uns verschiedene Alltagssituationen vor – beim Aufstehen, beim Frühstücken, in der Arbeit, im Gespräch mit Freunden oder allein daheim. In jede Situation sprechen wir den Satz »Ich bin ich selbst«. Manchmal verbinden wir das auch mit dem eigenen Vornamen: »Ich bin Anselm. Ich bin ich selbst. Ich bin Hsin-Ju, ich bin ich selbst.« Wenn wir das eine Zeit lang geübt haben, merken wir, wie oft wir Rollen spielen. Wir strengen uns an, in jeder Situation liebenswert zu erscheinen, und manchmal verbiegen wir uns regelrecht dafür. Wir überlegen, wie die anderen uns haben möchten, wie wir ihnen gefallen könnten. Wenn wir eine Zeit lang sagen »Ich bin ich selbst«, fühlen wir uns auf einmal frei von dem Druck, beliebt zu sein oder uns darstellen, beweisen oder rechtfertigen zu müssen. Wir sind einfach da. Dieses reine Sein entlastet uns und schenkt uns innere Freiheit und Gelassenheit. Zugleich entsteht ein Gefühl der Verbundenheit mit den anderen Menschen im Raum.

Wenn wir das eine Weile geübt haben, bilden wir zwei Reihen, die sich wie in einem Spalier gegenüberstehen. Eine Person fängt an, durch die Reihe zu gehen und sagt immer wieder ihren Namen und: »Ich bin ich selbst.« Wir trauen uns, auch vor den anderen wir selbst zu sein, und zeigen uns damit. Das verwandelt die Beziehungen zueinander. Viele spüren in diesem Moment eine innere Freiheit und auch eine Freude mit all den anderen, die es ebenfalls wagen, zu sich selbst zu stehen. Es geht dabei nicht um ein selbstsicheres und selbstbewusstes

Auftreten, sondern dass ich mir zutiefst erlaube, ich selbst zu sein, auch wenn ich vielleicht schüchtern und unsicher wirke. Alles, was zu mir gehört, darf sein. Das befreit mich von dem Druck, mir ein starkes Selbstvertrauen abzuverlangen. Ich bin ganz ich selbst, auch mit meinen Unsicherheiten.

Diese Übung ist ein Beispiel dafür, wie wir unser wahres Selbst im Alltag leben können. Wir möchten verschiedene Wirkungen aufzeigen: Wenn ich mit meinem wahren Selbst in Berührung bin, stehe ich nicht unter dem Druck, mein Leben perfekt bewältigen zu müssen. Viele Menschen haben heute Angst, ihr Leben nicht in Griff zu kriegen. Wenn ich spüre, dass ich einfach da bin, kreise ich nicht um die Frage: Schaffe ich meine Aufgaben? Wie kann ich im Alter leben, wie werde ich fertig mit Krankheit und Behinderung? Ich spüre, auch in der Krankheit werde ich ganz ich selbst sein. Und ich hoffe, dass dieses Selbst auch durch eine Krankheit, ja vielleicht selbst durch eine Demenz hindurchleuchten wird.

Wenn ich mit meinem Selbst in Berührung bin, fühle ich mich nicht allein. Denn auf dem Grund meiner Seele bin ich verbunden mit allen Menschen – und nicht nur mit ihnen, sondern auch mit der Natur und mit Gott. Wenn ich dem Satz »Ich bin ich selbst« folge, gelange ich in einen Raum der Stille, in dem ich umgeben bin von Gottes Liebe. Dort spüre ich, dass es letztlich Gott ist, der mein wahres Selbst geschaffen hat, und dass ich in meinem wahren Selbst zugleich eins mit Gott bin. Gott selbst wohnt in diesem inneren Raum. Genauso wenig wie ich Gott beschreiben kann, kann ich mein wahres Selbst beschreiben. Gott ist das absolute Geheimnis und auch das Selbst ist letztlich ein Geheimnis, in dem Gott und ich miteinander verbunden sind.

Der indische Jesuit Anthony de Mello unterscheidet – wie schon vor ihm der amerikanische Psychologe William James – das »I« vom »Me«. In der englischen Sprache verwendet man »I« als Subjekt im Satz, also für die handelnde Person, und »Me«, wenn sie als Objekt Ziel einer Handlung ist. Das »I« entspricht dem, was C. G. Jung das Selbst nennt. Es ist der innerste Kern der Person, der sich nicht ändert, ganz gleich, wie sich die Welt um uns herum dreht. Das »Me« entspricht eher dem Ego. Das »I« identifiziert sich nicht mit Gefühlen wie Angst, Kränkung oder Neid. Wir haben diese Gefühle, aber wir sind sie nicht. Das Selbst bleibt davon unberührt. De Mello meint: »Alles Leiden entsteht dadurch, dass ich mich mit etwas identifiziere, sei es nun in mir oder um mich« (de Mello, 54). Wenn wir uns mit Dingen, zum Beispiel mit unserem Geldbeutel, identifizieren, dann schmerzt uns ihr Verlust. Wenn wir in Berührung sind mit dem wahren Selbst, tauchen bei einem Verlust zwar auch negative Gefühle auf, aber wir geben ihnen keine Möglichkeit, in unser Selbst einzudringen, uns zutiefst zu erschüttern oder aus der Bahn zu werfen.

Was de Mello hier beschreibt, hat der stoische Philosoph Epiktet schon im ersten Jahrhundert nach Christus ähnlich gesehen. Epiktet spricht vom *autos*, vom Selbst als dem inneren Heiligtum des Menschen. Wir sollen äußere Dinge wie Geld, Anerkennung oder Erfolg daran hindern, »den geheiligten Bezirk des wahren Ich zu betreten« (zitiert bei Spanneut, RAC 5, 608). Ob uns der Verlust dieser Dinge ängstigt, hängt von den Vorstellungen ab, die wir uns von ihnen machen. Und nicht die Menschen verletzen uns, sondern die unerfüllten Erwartungen an sie führen zu Enttäuschungen. Daher geht es der stoischen Philosophie darum, wie Sokrates das Selbst »zur unzugänglichen und unbezwingbaren Festung« (zitiert bei Spanneut, RAC 5, 609) zu machen. In dieser inneren Festung herrschen Freiheit, Gelassenheit, Unerschrockenheit, Frieden und Glück. Epiktet unterscheidet zwischen dem, was in meiner Macht liegt, und dem, was nicht in meiner Macht liegt. All dem, was meiner Macht entzogen ist, darf ich auch keine Macht geben. Ich kann das Wetter nicht ändern. Daher lohnt es sich nicht, mir vom schlechten Wetter die Laune verderben zu lassen. Es geht darum, angemessen darauf zu reagieren. So ist für Epiktet der Weg zum wahren Selbst immer auch der Weg zu einem erfüllten und glücklichen Leben.

Für die christlichen Mystiker ist der Weg zum wahren Selbst auch ein Weg zu Gott. Wir können über das Selbst nichts sagen, ohne zugleich von Gott zu sprechen. Gott hat dieses einmalige Bild in uns geschaffen und er wohnt auch in unserem Selbst. Aber er ist immer der Gott, den wir nicht besitzen. Wir können ihn nur in Ehrfurcht bestaunen als das Geheimnis, das uns erfüllt. Der Weg zum wahren Selbst ist auch ein mystischer Weg. Gottes Gebote zu erfüllen, steht dabei nicht im Vordergrund. Die mystische Spiritualität ist keine gesetzliche, auf die Einhaltung von Normen fixierte Spiritualität, vielmehr führt sie zu dem Gott in uns. Doch wir können über den Gott in uns nicht verfügen. Er ist das unbeschreibliche und unbegreifbare Geheimnis, vor dem wir nur schweigend staunen können.

Die Berührung mit dem wahren Selbst prägt auch unser Beten. Ziel des Gebets ist nicht vorrangig, dass Gott unsere Bitten erfüllt, sondern dass wir uns Gott überlassen und in ihm Frieden finden. »Dein Wille geschehe!« – das ist keine Resignation, sondern ein Weg zu innerer Freiheit. Wir spüren im Gebet, dass Gott unseren innersten Kern, das wahre Selbst, schützt. Gottes Segen ist wie ein schützender Mantel um dieses Selbst. Das relativiert alle unsere Wünsche und Bitten. Wir dürfen Gott bitten für uns selbst und für andere. Aber wir sollten nicht erwarten, dass er allen unseren Wünschen direkt entspricht. Manchmal schickt er uns auf Umwege. Doch wir können darauf vertrauen, dass es für alle Beteiligten letztlich gut wird, auch wenn der Weg durch viele schmerzliche Erfahrungen führt, etwa wenn ein Kranker trotz unserer Bitten stirbt oder wenn der Krieg trotz unserer vielen Gebete nicht aufhört. Das Gebet verschließt nicht die Augen vor der Realität, aber es führt uns in einen inneren Raum, der von der äußeren Realität nicht beherrscht wird.

Als ich, Anselm, vor sieben Jahren Nierenkrebs hatte, bekam für mich die Bitte »Dein Wille geschehe« eine neue Bedeutung. Da war beim Beten keine Resignation, sondern ein inneres Vertrauen: Ganz gleich, wie die Operation ausgeht und ob ich den Krebs überwinden kann, die Bitte vermittelte mir das Vertrauen, es wird gut werden. Natürlich wollte ich, dass Gott mich gesund macht und ich noch lange für die Menschen arbeiten kann. Aber wenn es Gottes Wille ist, dass ich sterbe, dann vertraue ich darauf, dass auch mein Sterben zu einem Segen für die Menschen wird. Ob ich noch lange lebe oder nicht, ist nicht mehr so wichtig. Ich habe mich wiedergefunden in den Worten des heiligen Paulus, als er im Gefängnis saß und nicht wusste, ob er wieder lebend herauskommt oder nicht: »Was soll ich wählen? Ich weiß es nicht. Bedrängt werde ich von beiden Seiten: Ich habe das Verlangen, aufzubrechen und bei Christus zu sein – um wie viel besser wäre das! Aber euretwegen ist es notwendiger, dass ich am Leben bleibe« (Philipper 1,22–24). Das Leben aus dem Selbst heraus befreit uns von der Angst vor dem Tod. Denn das Selbst, der innerste Kern meiner Person, kann nicht sterben. Im Tod wird mein wahres Selbst klar und ohne Trübungen sichtbar werden.

Man kann das wahre Selbst aber auch übertreiben. Dann führt es zur Flucht in die Grandiosität. In manchen spirituellen Szenen gibt es solche Tendenzen. Da meinen Menschen, sie seien schon ganz verschmolzen mit dem Göttlichen und bräuchten keine Beziehung zu anderen. Sie ziehen sich zurück auf ihre Spiritualität und stellen sich über die anderen Menschen. Sie halten sich für Mystiker und schauen voller Verachtung auf religiöse Menschen, die noch den Gottesdienst besuchen und Rituale üben. Sie selbst brauchen all das nicht, weil sie ja schon ganz und gar eins sind mit Gott. Sie lehnen auch jede Korrektur durch andere Menschen ab. Wer außer ihnen hat wirklich Ahnung von Spiritualität?

Im Mönchtum sind Beziehungsfähigkeit und praktisches Tätigsein die Kriterien für echte Spiritualität. Für die Mönche ist die Flucht in die Grandiosität ein Ausdruck dafür, dass Menschen unfähig sind, sich auf das konkrete Leben einzulassen. Weil sie nicht mit ihrem alltäglichen Leben zurechtkommen, fliehen sie in eine übertriebene Spiritualität. Um sich nicht eingestehen zu müssen, dass sie im Leben scheitern, brauchen sie als Ersatz das Gefühl, besonders mystische Menschen zu sein. Sie haben es gar nicht nötig, das Leben zu meistern. Das ist viel zu banal für sie. Sie sind ja ständig im Gespräch mit Gott oder mit den Engeln. Daher brauchen sie sich nicht mit anderen auszutauschen. Statt wirklich mit ihnen ins Gespräch zu kommen, möchten sie die anderen ständig belehren und ihnen zeigen, dass sie besonders mystisch begabte Menschen sind.

Selbstwerdung in Beziehung und Gemeinschaft

Der liebevolle Umgang mit mir selbst ist die Bedingung für eine gesunde und heilsame Nächstenliebe. Wenn ich mit meinem wahren Selbst in Berührung bin, ermöglicht mir das auch intensivere Begegnungen mit anderen Menschen, denn ich bin frei von Vorurteilen. Ich werde nicht meine verdrängten Schattenseiten auf andere projizieren. Ich sehe auch in jeder anderen Person einen einmaligen Menschen. Ich erkenne hinter manchmal nicht so angenehmen Fassaden das innere Selbst, den Personkern, das einmalige Bild, das Gott sich von diesem Menschen gemacht hat. Ich werde ihm also näherkommen, weil ich nicht durch den Wall meiner Projektionen dringen muss, und ich werde freier sein in der Begegnung. Ich bin frei von dem Druck, dem anderen etwas vorweisen zu müssen oder bei ihm einen guten Eindruck zu hinterlassen. Ich gehe nicht in die Begegnung, um etwas zu erreichen oder zu bezwecken. Ich benutze den anderen nicht für mich. Ich bin einfach da, offen für mein Gegenüber und lasse mich auf das Gespräch ein.

Das klingt alles sehr schön, aber natürlich bin ich nicht immer mit meinem wahren Selbst in Berührung. Natürlich regen mich manche Seiten an meinen Mitmenschen auf. Aber es ist meine Aufgabe, von den negativen Gefühlen immer wieder zu dem inneren Kern vorzudringen, den die negativen Gefühle nicht betreten können. Die Verwurzelung in meinem Selbst befreit mich von der Macht des anderen. Ich werde auch durch seine negativen Emotionen oder seine Kritik nicht aus meiner Mitte gerissen. Ich nehme sie wahr, bin auch bereit, die Kritik anzuhören und mich infrage stellen zu lassen, aber sie kann nicht in mein

Innerstes eindringen. Wenn ich jetzt in meiner Mitte bleibe, werde ich auch offen für das Geheimnis der anderen Person. Ich will sie nicht analysieren. Ich lasse sie so, wie sie ist. Ich nehme das Gute und das Schöne in ihr wahr und lasse mich auf das Gespräch mit ihr ein. Ich lasse alle eigenen Absichten los, die ich mit dem Gespräch verbunden habe. Ich bin ganz gegenwärtig und achtsam und versuche den anderen so wahrzunehmen, wie er in Wirklichkeit ist. Das ermöglicht eine gute und oft fruchtbare Begegnung, denn wir begegnen uns selbst.

Wie so eine Begegnung aussehen kann, bei der zwei Menschen mit dem wahren Selbst in Berührung sind, zeigt uns der Evangelist Lukas in der Begegnung zwischen Maria und ihrer schwangeren Cousine Elisabeth (vgl. Lukas 1,38–56). Maria macht sich auf den Weg über das Gebirge. Sie übersteigt den Berg von Vorstellungen und Vorurteilen, die sie gegenüber anderen Menschen hat, und kommt so bei Elisabeth an. Wir begegnen oft nicht dem anderen Menschen, sondern nur dem Bild, das wir uns von ihm gemacht haben. Es braucht daher ein Loslassen aller Bilder, um wirklich in Kontakt zu treten.

Die Begegnung zwischen Maria und Elisabeth ist absichtslos. Maria erwartet nichts von Elisabeth. Als Elisabeth ihren Gruß hört, hüpft das Kind in ihrem Leib. Elisabeth kommt mit sich selbst in Berührung, das Kind in ihr steht für ihr unverfälschtes und ursprüngliches Selbst. Das Gespräch zwischen Elisabeth und Maria ist von großer Zärtlichkeit geprägt. Beide schauen tiefer. Elisabeth erkennt das Geheimnis von Maria: »Wer bin ich, dass die Mutter meines Herrn zu mir kommt?« (Lukas 1,43). Und Maria erkennt das Geheimnis ihres Lebens: »Meine Seele preist die Größe des Herrn und mein Geist jubelt über Gott, meinen Retter. Denn auf die Niedrigkeit seiner Magd hat er geschaut …

der Mächtige hat Großes an mir getan« (Lukas 1,46ff). Maria erkennt, wer sie wirklich ist und was Gott mit ihr vorhat.

Auch in klösterlichen Gemeinschaften gehen Mitbrüder oder Mitschwestern sich manchmal gegenseitig auf die Nerven. Der Grund ist immer, dass sie sich an äußeren Dingen verhaken. Sie bleiben an ihren Vorurteilen und Vorstellungen hängen. Die Bedingung dafür, dass eine Gemeinschaft gut zusammenleben kann, ist, dass die einzelnen Mitglieder ihr wahres Selbst suchen und schon damit in Berührung gekommen sind. Natürlich ist dieser Kontakt zum Innersten kein Dauerzustand. Es wird trotzdem Konflikte, Differenzen und Vorurteile geben. Aber die Aufgabe besteht darin, von den äußeren Gefühlen immer wieder nach innen zu gehen, um dort mit seinem Selbst in Berührung zu kommen. Nur unter dieser Bedingung können wir uns in der Gemeinschaft frei fühlen, wir engen uns gegenseitig nicht ein und kommen trotz aller Differenzen gut miteinander aus.

Dasselbe gilt auch für das Miteinander in Ehe und Familie. Partner verletzen sich gegenseitig, weil jeder seine persönliche Lebensgeschichte mitbringt. Diese Lebensgeschichte ist geprägt von Wunden, die wir erlitten haben, aber auch von Vorurteilen und Vorstellungen, die in der Herkunftsfamilie üblich waren. In der Begegnung mit dem Ehepartner kommen die alten Wunden und die eingefleischten Vorstellungen ans Licht. Daraus entstehen Konflikte. Wir fühlen uns vom anderen verletzt, weil er nicht den Vorstellungen entspricht, die wir von ihm haben. Die Frau denkt, der Mann müsste doch merken, dass es ihr nicht gut geht. Aber er merkt es nicht. Sofort bewertet sie sein Verhalten: Er ist egoistisch und kreist nur um sich selbst. Der Mann denkt, die Frau müsste doch merken, dass er müde ist, wenn er von der Arbeit heimkommt. Aber sie bombardiert ihn sofort mit Aufträgen. Sie hat kein Gespür für mich, denkt er.

Doch anstatt sich gegenseitig vorzuwerfen, dass wir unseren Vorstellungen nicht entsprechen, sollten wir versuchen, den andern zu verstehen und nicht zu bewerten. Wir werden immer wieder Vorstellungen von uns selbst und von anderen haben, sie lassen sich nicht einfach aus uns herausreißen. Aber wir können uns bemühen, sie im Konflikt immer wieder loszulassen, um zum eigenen Selbst und zum Selbst des anderen vorzustoßen. Das macht uns dazu fähig, unser Gegenüber so zu lieben, wie es wirklich ist. Das gibt allen Beteiligten das Vertrauen, so geliebt zu sein, wie sie sind. Dann löst sich auch der Druck auf, ständig beweisen zu müssen, dass wir gute, rücksichtsvolle Ehepartner sind und alles im Griff haben. Wenn jeder bereit ist, durch die Konflikte hindurch zu seinem wahren Selbst zu gelangen, entsteht eine tiefe innere Liebe, die voller Freiheit, Vertrauen und Hoffnung ist. Diese Liebe wird frei sein von der Tendenz, den anderen zu benutzen, damit es mir gut geht.

Wenn Eltern in Berührung sind mit ihrem wahren Selbst, werden sie auch nicht versuchen, die Kinder nach ihren eigenen Vorstellungen zu formen. Vielmehr sind sie offen für das Geheimnis jedes einzelnen Kindes. Erziehung bedeutet dann, einem Kind den Weg von seinem unbewussten Zustand zu seinem wahren Selbst zu eröffnen. Natürlich werden die Eltern immer wieder Enttäuschungen erleben. Sie haben sich getäuscht in den Vorstellungen, die sie von ihrem Kind hatten. Außerdem kommt es darauf an, die Täuschungen loszulassen und offen zu sein für die einmalige Person, die dieses Kind ist. Die Eltern können sich in das Kind hineinmeditieren, um das Einmalige und Besondere in ihm zu entdecken und es dann in dieser Richtung zu formen.

Kinder haben zwar ihr je eigenes wahres Selbst, aber sie sind oft nicht in Berührung damit, sondern lassen sich von äußeren Maßstäben bestimmen, die sie bei Gleichaltrigen mitbekommen, etwa was für eine Kleidung man heute trägt oder was man besitzen muss.

Auch auf der Gemeinschaftsebene gibt es Gefahren bei der Verwirklichung des wahren Selbst. Der Paartherapeut Hans Jellouschek spricht davon, dass in manchen Ehen eine Tyrannei herrscht, authentisch sein zu müssen. Wie kann ich mit meinem Partner auf einen gemeinsamen Nenner kommen und gleichzeitig meinen eigenen Bedürfnissen gerecht werden? Wie können wir Durststrecken miteinander durchstehen und daran wachsen? Wer das wahre Selbst damit verwechselt, immer vorrangig sich selbst treu zu sein, setzt sich selbst absolut. Doch wenn ich ganz ich selbst bin, kann ich mich auf mein Gegenüber einlassen, ohne mich zu verbiegen. Wer zu sehr seine Authentizität betont, verwechselt sein wahres Selbst mit seinen Emotionen, Wünschen und Bedürfnissen. Da ist die Angst im Spiel, sich wirklich auf den anderen einzulassen, weil das bedeuten könnte, dass ich nicht mehr ich selbst, nicht mehr authentisch bin.

Aber gerade das Einlassen auf den anderen hilft mir, mein wahres Selbst zu entdecken. Martin Buber ist überzeugt: »Ich werde am Du.« Das Einlassen auf das Du führt mich zum wahren Selbst. Das Pochen auf meine Authentizität ist oft eine Weigerung, mich wirklich auf den anderen und auf mich einzulassen. Es schafft eine Distanz. Ich erkläre dann mein momentanes Gefühl für absolut, anstatt durch es hindurch zum wahren Selbst vorzudringen, das stets offen ist für den anderen. Auch hier braucht es das rechte Maß, um zu spüren, wo ich mich ganz auf den anderen einlassen kann, ohne mich zu verlieren, und wo ich mich abgrenzen sollte, um innerlich frei zu bleiben.

Selbstwerdung in der Welt

Die benediktinische Spiritualität ist eine geerdete Spiritualität. Sie verbindet Gebet und Arbeit und findet ihren Ausdruck darin, diese Welt im Geist Jesu zu gestalten. Wenn wir ausgehend von unserem wahren Selbst arbeiten, bekommt unsere Arbeit eine neue Qualität. Wir sind sensibel für das, was heute wirklich notwendig ist, was wir heute tun können, damit wir weiterhin gut auf dieser Erde miteinander leben können. Wir schauen nicht mehr durch die Brille unserer eigenen Bedürfnisse und Wünsche, sondern mit Augen, die offen sind für das, was die Welt heute braucht.

Ein junger Mann erzählte, dass er sich in der Friedensbewegung engagiert und bei Demonstrationen für den Frieden in der Welt kämpft. Aber im Gespräch wurde ihm bewusst, dass er trotz seiner guten Absichten immer aggressiver und für seine Mitmenschen immer schwieriger wird. Wegen jeder Kleinigkeit gerät er in Konflikt mit seinen Mitmenschen. Er ist von hohen Idealen begeistert und möchte sie verwirklichen. Aber weil er nicht mit seinem wahren Selbst in Berührung ist, sondern das Ideal nur seinen Verstand und seinen Willen prägt, geht nicht wirklich Frieden von ihm aus.

Ähnlich scheint es manchmal bei der »Letzten Generation«, die sich für den Schutz der Umwelt einsetzt. Wenn diese Klimaaktivistinnen und -aktivisten nicht aus ihrer inneren Mitte heraus gegen den Klimawandel eintreten, kann von ihnen etwas

Aggressives ausgehen, und letztlich erreichen sie damit das Gegenteil dessen, was sie als Ideal anstreben. Statt die Kräfte der Gesellschaft gegen den Klimawandel zu bündeln, wecken sie dann Ärger und Unmut in der Bevölkerung und verstellen so den Blick auf ihr eigentliches Anliegen.

Wenn ich aus meinem wahren Selbst heraus arbeite, gebe ich mich einfach der Arbeit hin und lasse mich auf sie ein. Ich habe keine Nebenabsichten und spekuliere nicht darauf, Eindruck zu machen durch meine Arbeit. Ich muss den anderen nicht beweisen, dass ich viel und gut arbeite. Es geht mir nicht darum, anerkannt zu werden für meine Leistung. Ich tue einfach, was zu tun ist. Das hat auch positive Auswirkungen auf die Menschen, mit denen und für die ich arbeite. Denn wenn jemand aus seinem Ego heraus arbeitet, setzt er sich nicht nur selbst unter Druck, weil er sich beweisen muss, er übt auch auf seine Mitarbeitenden Druck aus. Sie spüren die Unruhe und Anspannung, die er ausstrahlt. Arbeit hingegen, die aus dem wahren Selbst strömt, inspiriert uns dazu, kreativ zu sein, danach zu fragen, was heute wirklich dran ist, wie wir durch unsere Arbeit wirklich den Menschen dienen und ihnen Hoffnung vermitteln können.

Das Ego rebelliert oft gegen eine Arbeit, die nicht besonders interessant scheint, oder es vergleicht sich mit Kolleginnen und Kollegen, denen man eine angenehmere Arbeit zugeteilt hat. Die Widerstände, die das Ego gegen bestimmte Dinge hat, erschweren die Arbeit. Sie kosten viel Energie. Man hat dann den Eindruck, die Arbeit sei anstrengend, sie mache keinen Spaß, sie sei sinnlos. Wenn ich aus meinem wahren Selbst heraus arbeite, lasse ich mich einfach auf meine Arbeit ein. Ich gebe mich der Arbeit hin. Das verwandelt sie und dann kann auch eine einfache Arbeit erfüllend sein. Wenn ich mich ganz in meine Arbeit vertiefe und mich nicht mit anderen vergleiche, strömt die Arbeit aus mir heraus. Das ist erfüllend und ich verliere dabei keine Energie. Ich bin frei, mich auf die Menschen einzulassen, die mich gerade bei einer wichtigen Büroarbeit stören. Und ich bin frei, mich danach wieder auf die unterbrochene Arbeit einzulassen. Wer aus seiner inneren Mitte heraus arbeitet, lässt sich nicht so leicht aus der Ruhe bringen. Er schöpft aus einer inneren Quelle und wird daher nicht so leicht erschöpft. Natürlich heißt das nicht, dass ich mich auf jede sinnlose Arbeit einlasse. Wenn ich in meiner Mitte bin, erkenne ich auch, welche Arbeit wirklich sinnvoll ist und welche nicht, welche Segen bringt und welche niemandem nutzt.

Manche Menschen halten das Arbeiten aus dem wahren Selbst, aus der inneren Mitte heraus für eine idealistische Illusion. Bei der Arbeit gehe es einfach um Sachfragen, die gelöst werden müssen. Doch wenn wir zum Beispiel die Teilnehmenden in einer Sitzung beobachten, bei der es um die Ziele eines Unternehmens geht und um die Frage, wie sie erreicht werden können, dann erkennen wir: Offensichtlich geht es um eine Sache, doch während der Sitzung tauchen viele Emotionen auf. Viele können die Sache nicht objektiv betrachten. Sie reagieren wie allergisch auf bestimmte Personen und argumentieren immer gegen sie. Oder aber sie setzen sich unter Druck, nach außen hin Harmonie zu schaffen, und stellen sich den wirklichen Problemen nicht. Wer sich jedoch aus dem wahren Selbst heraus auf die Sitzung einlässt, kann die Argumente viel objektiver beurteilen. Er ist in seiner Mitte, er spürt den inneren Raum der Stille, zu dem das lautstarke Argumentieren der anderen keinen Zutritt hat. So kann er sich auf die Diskussion einlassen, ohne sich von der aggressiven Stimmung beeindrucken zu lassen. Er bleibt bei sich und ist bei aller Hitze des Gefechts innerlich ruhig. Wenn er in Berührung ist mit seinem wahren Selbst, kann er viel objektiver urteilen und Lösungen finden, die wirklich der Sache dienen.

Auch auf der Ebene der Arbeit gibt es Gefahren für das Selbst. Manchen Menschen erscheint ihre Arbeit als etwas Fremdes, das sie daran hindert, sie selbst zu sein und das zu leben, was ihrem Wesen entspricht. Andere verwechseln das wahre Selbst mit der Vorstellung, einfach nur gegenwärtig zu sein in reiner Präsenz, ohne etwas leisten zu müssen. Manche berufen sich auf die Lehren von Eckhart Tolle und meinen, der Mensch finde zu seinem wahren Selbst, wenn er sein Ego ablegt und ganz im Augenblick aufgeht, statt an gestern oder morgen zu denken. Tolle verspricht ihnen einen ganz einfachen Weg. Das klingt für viele Menschen verheißungsvoll. Aber alles, was allzu einfach und ganz leicht zu erreichen ist, scheint uns eher verdächtig. Das Leben mit seinen Abgründen, mit seinem Auf und Ab wird hier übersprungen.

Tolle meint, man soll überhaupt nicht an die Zukunft denken, nur im Augenblick leben. Doch wenn ich meine, das Leben bestehe nur aus reinem Gegenwärtigsein, ohne in der Welt auch praktisch tätig zu sein, verweigere ich letztlich mein Leben. Dann wird das wahre Selbst zur Ausrede, um mich nicht anstrengen zu müssen. Arbeit und Leistung sind nichts Negatives. Sie gehören zum Menschen, denn das Sein muss fließen, es will Frucht bringen. Sonst lebe ich letztlich auf Kosten anderer. Sonst wird die Idee vom wahren Selbst zu einer Illusion von Privilegierten, die es sich leisten können, nichts leisten zu müssen.

Umgekehrt gibt es natürlich auch die Flucht in die Arbeit. Auch hier geht es wieder um das rechte Maß. Daher spricht Benedikt von »ora et labora«, von Gebet und Arbeit. Beides braucht Raum, aber beides hängt auch innerlich zusammen. Die Arbeit, die aus dem Gebet fließt, ist auch eine Arbeit, die aus dem wahren Selbst herausströmt und der Welt Segen bringt.

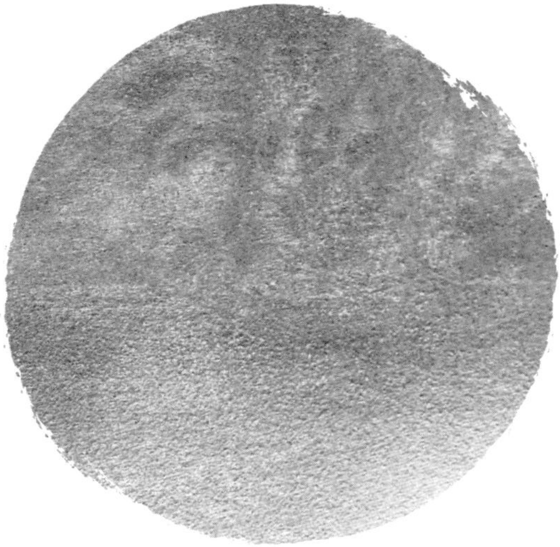

Ein heilsamer und befreiender Weg

Wir sind in diesem Buch dem Weg der Selbstwerdung nachgegangen. Dieser Weg hört nie auf. Wir können unserem wahren Selbst immer näher kommen, doch erst im Tod werden wir ganz und gar zu dem Bild verwandelt werden, das Gott sich von uns gemacht hat. Auch der Weg der Selbstoptimierung hört nie auf. Doch es ist ein großer Unterschied zwischen beiden Wegen:

Der Weg der Selbstwerdung führt immer mehr zum Einklang mit uns selbst, zu einer inneren Ruhe und Gelassenheit. Der Weg der Selbstoptimierung setzt uns dagegen ständig unter Druck. Wir sind nie gut genug. Es gibt immer noch etwas zu optimieren. Und vor allem vergleichen wir uns ständig mit anderen. Wir erkennen, dass andere erfolgreicher sind als wir, dass sie selbstsicherer auftreten und höhere Leistungen bringen.

Der Weg der Selbstwerdung führt uns immer mehr zu unserem wahren Selbst, in unsere eigene Mitte. Der Weg der Selbstoptimierung entfremdet uns dagegen von unserem inneren Wesen, von unserem Selbst. Wir definieren uns von außen her und jagen einem Optimum nach, das unserem Wesen gar nicht entspricht. Auf diesem Weg erleben wir eine innere Leere und wir erschöpfen uns selbst. Wenn wir dagegen unserem wahren

Selbst nahekommen, spüren wir uns, sind wir in Berührung mit uns selbst. Wir finden in uns eine Quelle, aus der wir immer schöpfen können, weil sie göttlich ist. Wir hören auf, uns mit anderen zu vergleichen. Wir sind dankbar für das Geheimnis unseres Lebens und schauen auch dankbar auf das Geheimnis anderer Menschen. Wir lassen uns und wir lassen die anderen sein, wie sie sind. So können wir uns offen und respektvoll begegnen, ohne uns ständig messen zu müssen.

Die Frage nach dem wahren Selbst mag manchen Menschen theoretisch vorkommen. Doch bei vielen Kursen für Führungskräfte haben wir erlebt, dass der Weg zum wahren Selbst eine konkrete Hilfe ist, die Herausforderungen in der Arbeit besser und mit mehr Gelassenheit zu meistern. Viele Menschen in Leitungsfunktionen fühlen sich erschöpft. Dafür gibt es verschiedene Ursachen. Ein Grund ist, dass sie nicht aus ihrem wahren Selbst heraus arbeiten, sondern aus ihrem Ego, das sich beweisen muss, das den Erwartungen der anderen gerecht werden muss, das sie unter Druck setzt, möglichst gut zu sein. Sie haben sich Bilder übergestülpt, wie sie als Führungskräfte sein sollten: durchsetzungsfähig, entscheidungsfreudig, konfliktfähig. Sie spüren, dass sie diesen Bildern nicht gerecht werden.

Wenn wir aus dem Selbst heraus leben und arbeiten, strömt die Energie in uns und wir brennen nicht aus. Menschen, denen das gelingt, erkennen wir an der Freude und Leidenschaft, mit der sie ihren Beruf ausüben. Ganz gleich, ob es ein Schreiner ist, eine Ärztin oder das Personal in einer Bank – wer sich frei vom Druck des Ego einfach auf seine Arbeit einlässt, ermüdet nicht so leicht. Das Selbst ist frei, sich auf das einzulassen, was gerade dran ist.

Auch im Umgang miteinander macht es einen großen Unterschied, ob ich mit meinem Selbst in Berührung bin oder nicht. Wenn ich aus meinem Selbst agiere, umgibt mich eine angenehme Ausstrahlung, dann gehen Ruhe und Gelassenheit von mir aus. Ich muss mich ja nicht beweisen. Ich bin einfach da. Es gibt Menschen, die ständig von einer inneren Unruhe getrieben sind. Selbst wenn sie sich anstrengen, nach außen hin ruhig zu sein, spürt man den Druck, unter dem sie stehen, beim Sprechen, bei den Gebärden, in der ganzen Körperhaltung.

Auch unsere Spiritualität wird verwandelt, wenn wir mit dem wahren Selbst in Berührung sind. Wir müssen Gott dann nichts vorweisen, wir müssen auch uns selbst nicht beweisen, dass wir spirituelle Menschen sind. Wenn wir in Berührung sind mit dem Selbst, sind wir auch in Beziehung zu Gott. Wir spüren, dass Gott in unserer innersten Mitte ist, dass er in uns wohnt, in dem inneren Heiligtum, in dem das wahre Selbst zu Hause ist. Unsere Spiritualität ist weniger moralisierend, sondern vielmehr mystisch. Es geht um die Erfahrung Gottes und auch um die Erfahrung meines wahren Selbst. Alle äußeren Formen wie Gebet und Gottesdienst, Rituale und Meditation sind eine konkrete Hilfe, um zum Grund meiner Seele zu gelangen und dort den Gott zu erfahren, der mich befreit von der Angst, nicht gut genug zu sein vor ihm und vor den Menschen.

Allerdings dürfen wir nicht meinen, wir könnten immer aus dem wahren Selbst heraus beten, arbeiten und den Menschen begegnen. Es gibt keinen schnellen Trick, ein für alle Mal mit dem wahren Selbst in Berührung zu sein und unser Leben völlig zu verwandeln. Es ist ein ständiges Bemühen, immer wieder mit dem Selbst in Kontakt zu kommen. Manchmal gelingt es, aber nicht ständig. Es ist ein langer Übungsweg, mir bei all den

Gelegenheiten, bei denen ich aus meiner inneren Mitte herausfalle, immer wieder bewusst zu machen: Ich versuche jetzt, die äußeren Dinge zu lassen und nach innen zu gehen.

Auch wenn Selbstwerdung so schön klingt, werden wir unser Leben lang zwischen Ich, Ego und Selbst hin- und herpendeln. Es gibt spirituelle Begleiter, die uns auffordern, ich-los zu leben. Andere sprechen vom Ich-Tod oder sagen, wir müssen uns völlig frei machen vom Ego. Doch gegenüber solch spirituell klingenden Vorstellungen sind wir skeptisch. Wir brauchen auch unser Ego bis ins Alter. Es treibt uns an, unsere Sache gut zu machen, zum Beispiel einen Vortrag ordentlich vorzubereiten. Aber wir müssen das Ego auch wieder loslassen. Der Vortrag dient nicht dem Zweck, die Leute von uns zu begeistern, sondern sie sollen durch unsere Worte Hilfe für ihr eigenes Leben finden, unsere Worte sollen sie in Berührung bringen mit der Weisheit ihrer eigenen Seele.

Manche Menschen, die vom Ich-Tod sprechen, merken gar nicht, dass sie vor lauter Ich-Losigkeit ihr Ego aufblähen und sich über alle anderen stellen, die noch mit ihrem Ego zu kämpfen haben. Ein spiritueller Lehrer, der ständig vom Ich-Tod spricht, geht vielleicht kalt an seinen Mitarbeitenden vorbei und bemerkt gar nicht, wie unfähig er ist, einen guten Kontakt mit ihnen herzustellen. Er schwebt in seiner hohen Spiritualität und schaut auf die einfachen Menschen herab. Ein Priester, der davon überzeugt war, ohne jede Nebenabsicht des Ego immer nur das reine Wort Gottes zu predigen, war so von sich eingenommen, dass er gar nicht merkte, wie seine Predigten die Menschen langweilten. Da war keine Lebendigkeit. Die Spannung zwischen Ego und Selbst macht eine Predigt lebendig. Wer meint, er hätte sein Ego endgültig hinter sich gelassen, macht sich etwas vor.

Er bleibt konturlos und kann die Menschen nicht wirklich berühren.

Der Grundsatz des geistlichen Lebens, dass nur verwandelt werden kann, was wir annehmen, gilt auch für den Umgang mit unserem Ego. Nur wenn wir in aller Demut unser Ich und unser Ego annehmen, können wir sie immer wieder loslassen. Aber das Loslassen bedeutet eben nicht die Vernichtung des Ego, sondern steht für das, was Jesus meinte mit dem Wort »sich selbst verleugnen«: dass wir uns vom Ego nicht beherrschen lassen, dass wir Nein sagen zur Tendenz des Ego, uns total bestimmen zu wollen.

Wir hoffen, klar gemacht zu haben, dass das Leben aus dem wahren Selbst heraus nichts mit Egoismus oder mit dem egoistischen Kreisen um sich selbst zu tun hat. Es geht vielmehr um die Fähigkeit, wirklich lieben zu können, liebevoll mit sich selbst und mit anderen umzugehen und aus der Liebe Gottes zu leben. Dann ist die Liebe zu Gott keine moralische Forderung, die uns überfordert, sondern wird zu einer Quelle, aus der wir schöpfen können, um uns selbst und die Menschen zu lieben. Und der Weg zum wahren Selbst ist keine Flucht vor unserer Verantwortung in der Welt, sondern die Befähigung, uns auf die Arbeit einzulassen und sie aus der inneren Quelle heraus zu leisten, ohne erschöpft zu werden.

So führen uns die Überlegungen über das Ego und das wahre Selbst zu einer gesunden Einstellung uns selbst gegenüber, zu einer gesunden Spiritualität und auch zu dem, was für den heiligen Benedikt das Zentrale jeder Spiritualität ist: zum rechten Maß. Benedikt nennt die »weise Mäßigung die Mutter aller Tugenden« (RB 64,19). Wir wollen kein neues Ideal propagieren, wie unser Leben glücklicher wird, sondern es geht um einen Übungsweg, der uns aus dem Ich und dem Ego immer mehr zum wahren Selbst führt. Dieser Weg erfordert das Eingeständnis, dass wir immer wieder aus unserem Selbst herausfallen und uns vom Ego bestimmen lassen. Nur wenn wir uns das in aller Demut eingestehen, wird der Weg zum wahren Selbst ein heilsamer und befreiender Weg. Selbstwerdung führt nicht zum Optimum, sondern ist ein Weg zur Ganzheit, zum Frieden mit sich selbst und mit den Menschen, zur Gelassenheit und Dankbarkeit, zur Freiheit und zur Lebendigkeit.

Literatur

[Benedikt von Nursia] Die Regel des heiligen Benedikt (RB), herausgegeben im Auftrag der Salzburger Äbtekonferenz, Beuron, 17. Aufl. 2006.

Buber, Martin: Die Erzählungen der Chassidim, Zürich 1949.

Evagrius Ponticus: Capita practica ad Anatolium (Patrologiae Cursus Completus, Series Graeca [PG], Band 40), herausgegeben von Jacques Paul Migne, Paris 1863; angegeben sind jeweils Spaltennummer und Abschnittsbuchstabe.

Fischedick, Heribert: Der Weg des Helden. Selbstwerdung im Spiegel biblischer Bilder, München 1992.

Fromm, Erich: Die Kunst des Liebens, Stuttgart 1980.

Gerl-Falkovitz, Hanna-Barbara: Romano Guardini. Konturen des Lebens und Spuren des Denkens, Mainz 2005.

Goldbrunner, Josef: Individuation. Die Tiefenpsychologie von Carl Gustav Jung, Krailling 1949.

Gregor der Große: Der heilige Benedikt: Buch II der Dialoge, St. Ottilien 1995.

Grün, Anselm: Lebensmitte als geistliche Aufgabe (Münsterschwarzacher Kleinschriften, Band 13), Münsterschwarzach, 21. Auflage 2023.

Grün, Anselm und Wu, Hsin-Ju: Warum immer ich? Beziehungsmuster erkennen und aufbrechen, Münsterschwarzach, 2. Auflage 2023.

Johannes Moschos: Pratum spirituale (Patrologiae Cursus Completus, Series Latina [PL], Band 74), herausgegeben von Jacques-Paul Migne, Paris 1850; angegeben sind Spaltennummer und Abschnittsbuchstabe.

Jung, Carl Gustav: Gesammelte Werke (GW), Band 11, Zürich-Stuttgart 1963.

Jung, Carl Gustav: Gesammelte Werke (GW), Band 8, Zürich 1967.

Jung, Carl Gustav: Psychologie und Religion, Zürich 1947.

Kany, Roland: Nächstenliebe und Gottesliebe, in: Reallexikon für Antike und Christentum (RAC), Band 25, Stuttgart 2013, 652–720.

Kipke, Roland: Neuro-Enhancement und die anthropologisch begründete Kritik an der Selbstverbesserung, in: Entgrenzung des Menschseins, herausgegeben von Gebhard Fürst und Dietmar Mieth, Paderborn 2012, 65–84.

Koller, Dietrich und Ebert, Andreas: Verborgene Jesusworte. Meditationen zum Thomasevangelium, Münsterschwarzach 2013.

Kruse, Andreas: Leben in wachsenden Ringen. Sinnerfülltes Alter, Stuttgart 2023.

Mello, Anthony de: Der springende Punkt: wach werden und glücklich sein, Freiburg im Breisgau 1992.

Meister Eckhart, Predigt »Qui audit me« (Eccli. 24,30), in: Josef Quint, Meister Eckhart, Deutsche Predigten und Traktate, München 1977.

Nietzsche, Friedrich: Die fröhliche Wissenschaft, Chemnitz 1882.

Novalis: Heinrich von Ofterdingen, Berlin 1802.

Nuber, Ursula: Die Egoismusfalle. Warum Selbstverwirklichung so oft einsam macht, Stuttgart 1997.

Rahner, Karl: Schriften zur Theologie, Band VI, Einsiedeln 1965.

Rohr, Richard: Das wahre Selbst. Werden, wer wir wirklich sind, Freiburg im Breisgau 2013.

Sanford, John: Das Johannesevangelium. Eine tiefenpsychologische Auslegung, Teil 2, München 1998.

Schellenbaum, Peter: Die Wunde der Ungeliebten. Blockierung und Verlebendigung der Liebe, München 1989.

Schellenbaum, Peter: Ja aus Liebe. Hingabe, die Grenzen sprengt, München 2004.

Spanneut, Michel: Epiktet, in: Reallexikon für Antike und Christentum (RAC), Band 5, Stuttgart 1962, 590–681.

Stuhlmacher, Peter: Der Brief an die Römer, Göttingen 1989.

Thierse, Wolfgang: Nach bestem Wissen und Gewissen, in: Publik-Forum Extra, Januar 2024, 11–13.

Tischinger, Michael: Selbstliebe. Weg der inneren Heilung, Freiburg 2017.

Schweitzer, Erich (Hrsg.): Apophthegmata Patrum (Teil II): Die Anonyma (Weisungen der Väter, Band 15), Beuron 2011.

Bibliografische Information der Deutschen Nationalbibliothek

Die Deutsche Nationalbibliothek verzeichnet diese Publikation in der Deutschen Nationalbibliografie. Detaillierte bibliografische Daten sind im Internet über http://dnb.d-nb.de abrufbar.

Ohne Folie
Für unsere Umwelt

MIX
Papier | Fördert gute Waldnutzung
FSC® C014889
FSC www.fsc.org

in Deutschland produziert

2. Auflage 2025

Lektorat: Antonie Hertlein
Umschlaggestaltung: wunderlichundweigand
Umschlagmotiv © Phatthanit/shutterstock.com
Druck und Bindung: Pustet, Regensburg
ISBN 978-3-7365-0570-4

www.vier-tuerme-verlag.de